赖伟军 —— 著

中国社会组织发展研究的市场维度

——基于本土基金会公益创投资助的经验考察

Chinese Social Organizations

中央编译出版社

本书的研究写作得到深圳市社会科学院 2022 年度院内专项课题资助，同时早期部分研究工作也受益于北京亿方公益基金会"菁莪计划"支持！

目 录

第一章 研究背景与问题提出 ········· 1
 一、研究切入：中国社会组织发展研究的视角拓展 ········· 2
 二、历史情境：中国社会组织发展的资源环境变迁 ········· 6
 三、研究问题：本土基金会资助的制度逻辑影响 ········· 11
 四、篇章结构与内容安排 ········· 14

第二章 文献梳理与研究述评 ········· 18
 一、非营利市场化的多元现象概念化 ········· 20
 二、非营利市场化的潜在动因考察 ········· 23
 三、非营利市场化的多维效应检验 ········· 25
 四、研究评述与问题反思 ········· 29

第三章 研究方法与资料收集 ········· 32
 一、田野地点的选择 ········· 34
 二、半结构访谈 ········· 36
 三、参与式观察 ········· 43

四、二手资料收集 ·· 45

第四章 本土资助型基金会社群何以兴起：组织场域视角 ········ 47
一、发展资助型基金会：必要与前提 ······················ 48
二、组织场域与制度创业 ································ 58
三、资助型基金会组织场域建构推动策略 ·················· 69
四、小结 ·· 85

第五章 基金会组织场域内部市场化逻辑影响：路径与机制 ······ 87
一、市场化逻辑影响的产生路径 ·························· 87
二、市场化逻辑影响的呈现机制 ·························· 95
三、小结 ··· 102

第六章 基金会资助实践中的市场要素植入：两个案例 ········· 103
一、公益创投的全球视野与中国经验 ····················· 104
二、案例一：A慈善基金会"公益加油站"创投项目 ········· 111
三、案例二：S公益基金会"携手同行"资助计划 ··········· 119
四、小结 ··· 127

第七章 非营利机构对市场化影响的警惕：反思与批判 ········· 129
一、组织能力建设有用吗？ ····························· 130
二、机构发展资源导向带来的困惑 ······················· 134
三、非营利部门公共价值的流失 ························· 143
四、小结 ··· 148

第八章　总结与讨论 ·················· 149

　一、基金会资助、市场化嵌入与社会性反思 ········ 150

　二、从行政吸纳到市场吸纳 ················ 152

　三、研究局限与未竟议题 ················· 156

附录：受访对象信息表 ·················· 159

参考文献 ······················· 162

图表目录

图 1.1　中国基金会发展整体数量增长趋势（1981—2020）……… 9

图 3.1　截至 2020 年底全国各省市公益基金会注册数量地域分布情况…………………………………………………………… 35

图 3.2　有针对一线非营利组织资助业务开展的本土基金会地域分布概况………………………………………………………… 36

图 4.1　区分公募和非公募两种类型基金会数量增长趋势（1981—2020）…………………………………………………………… 55

表 4.1　中国基金会发展论坛有关"基金会与 NGO 合作"议题的历年会议研讨……………………………………………… 80

表 5.1　国内典型资助型基金会核心发起者背景………………… 89

表 5.2　国内典型资助型基金会理事会成员中企业背景理事占比…… 91

表 6.1　"公益加油站"创投项目能力建设培训内容与师资情况 … 115

第一章 研究背景与问题提出

"我们一直在强调规范化、专业化和标准化，基金会总认为草根组织不专业，难道基金会就专业吗？……我期望我们有缘遇到过的基金会，都是我们的兄弟、伙伴、战友，而不是高高在上的施予者、怀疑者、责难者和旁观者。我们希望他们不把我们当成廉价劳动力的提供方，也不把自己当成很牛的发包方。他们不是像选秀选手一样地海选项目，而是抱着审慎的态度选择在中国最基层一线做事情的机构和组织，并成为长期的合作伙伴。"（2012年11月23日，一位民间公益机构负责人在广州召开的第四届中国非公募基金会发展论坛上的发言）

"我想最重要还是话语系统的问题，作为基金会来讲它有它自己的话语体系。比如说我们需要看到有效性，看到你要解决社会问题的方案在哪里。最痛苦的是我看不到你的方案，和你对这个问题有什么有效的解决，以及是不是真的能够构成有效的解决方案？……未来一定是NGO和NGO之间竞争，你提供一个解决方案，他提供一个解决方案。而对于资金提供方来讲，则是从两个潜在的解决方案中寻求一个相对最优的解决方案。"（2010年10月29日，一家大型企业基金会执行秘书长在北京召开的第二届中国非公募基金会发展

论坛上的发言）

上述两段引文分别来自一位民间公益组织负责人和一家大型企业基金会秘书长在两届中国非公募基金会发展论坛（2016年更名为"中国基金会发展论坛"）上的发言。从引文内容来看，其呈现出我国非营利部门内部一种区别于传统政府行政吸纳式影响的行业运行发展动力，而这种动力的核心引入者乃是最近十几年间在国内获得快速发展的慈善基金会组织群体。通过上述两段发言，笔者尝试在本章导论部分对本书开展的切入点及其基本历史情境加以引入介绍。

一、研究切入：中国社会组织发展研究的视角拓展

国内外学术界有关中国社会组织发展现象的研究关注肇始于上世纪九十年代初，至今已有近三十年的研究积累。三十年间，来自政治学、社会学及公共管理学等各个学科的学者参与其中，使中国社会组织发展研究成为一个极其重要的研究领域。回顾梳理过去三十年学术界有关我国社会组织发展的大量研究成果，基本上可以总结出两个大的转向。首先是具体研究对象的转变，表现为从早期主要以官方或半官方社会组织（Government-Organized NGOs，简称GONGOs）为考察研究对象逐渐转向以纯民间（草根）背景非营利组织（Grassroots NGOs）。这一转向基本上与我国社会组织领域的整体发展格局及趋势相吻合。中国现代非营利部门的最初兴起事实上是改革开放后国家主导推动的结果，表现在八九十年代出现的大部分非营利社会组织主要由相关政府部门发起创办，包括大量官办慈善基金会、科技协会、学术社团、行业协会、商会，等等。对应于这一现实背景，九十年代中国社会组织发展研究文献也主要

以官办组织为核心考察对象,其中尤以行业协会、商会等经济类社团为代表(Pearson, 1994; Wank, 1995; Nevitt, 1996; Unger, 1996; 王颖等,1993; 孙炳耀, 1994)。九十年代中期以后,随着1995年联合国第四届全球妇女大会在北京召开及海外非政府组织(NGO)概念被引入中国(Zhang, 2001; 邓国胜, 2005),工作在不同领域的各类草根公益机构逐渐发展起来。这种自下而上、民间背景的公益机构发展随之也很快进入研究者的视野,成为新千年以后中国社会组织研究领域另一个重要考察对象(Bentley, 2004; Chan, et al, 2005; Saich, 2000; Spires, 2007; Zhang & Baum, 2004; 邓雅丽等, 2004; 朱健刚, 2004; 和经纬等, 2009)。

  中国社会组织发展研究领域的第二个重要转向是研究考察策略上的转变,具体指从主要探讨国家与社会组织之间的宏观结构关系逐渐转向关注政府与社会组织实际互动关系中两者的具体行动策略(张紧跟,2012; 陈为雷, 2013)。针对中国社会组织发展的意义理解和解释,带着一定理论视角进入研究领域的学者从一开始就在国家与社会组织结构性关系层面展开争论,表现为市民社会与法团主义两大理论范式之间的论争(Ding, 1998; 纪莺莺, 2013)。持市民社会理论视角的研究者预期并力证中国社会组织发展相对于国家的能动性和自主性,及由此可能带来的社会结构影响(White, 1993; Saich, 1994; White, et al., 1996),或是基于中国社会组织发展的情境独特性,对原有的市民社会概念进行修正,提出"半市民社会"(semi-civil society)(He, 1997)、"国家领导的市民社会"(state-led civil society)(Frolic, 1997)和"准市民社会"(朱健刚, 2004)等新概念。与市民社会理论视角相对,法团主义论者则强调中国社会组织发展过程中的国家主导性,以及国家与社会组织运行之间的相互嵌入关系(Chan, 1993; Pearson, 1994; Unger & Chan, 1995; 顾昕等, 2005; 张钟汝等, 2009)。各持以上两种理论视角的学者在研究中似乎都能找到支持自己论点的相关经验证据,但由于国内社会组织现实发展的高度复杂性,却无法各自述写中国社会组织发展的全貌。研究者们逐渐意识到，有关中国社会组织发展的研究考察除了探讨政府与社会组织之间的宏观结构性关系外，更需要着力洞察的乃是二者在其实际互动关系中所采取的具体行动策略，以从更深层次理解社会组织在我国特定制度环境下的生存发展状态。于是，针对各级政府部门与社会组织之间互动策略的研究成果大量涌现（Saich，2000；赵秀梅，2004；康晓光等，2005；Ho，2007；刘鹏，2011；黄晓春等，2014；Spires，2011a；Teets，2013；Hsu & Hasmath，2014；Hsu & Jiang，2015；Howell，2015）。一些新近的研究文献更是分别深入到政府治理机制转型（黄晓春等，2017）和社会组织内部特征（纪莺莺，2016）两个层面，以寻找影响两者互动关系的更微观动力基础。此外，政党统合机制也在近年来国内社会组织党建工作积极推进的背景下成为我国社会组织发展研究领域新的热点（李朔严，2018；沈永东等，2019；侯利文，2021），从而进一步丰富了国家与社会组织之间的互动关系图景。

尽管呈现出上述两大转型趋向，但总体上而言"国家—社会"关系框架在过去三十年间中国社会组织发展研究领域长期居于主导地位。无论是对官办社会组织发展的研究关注，还是对草根公益机构兴起的跟踪观察，也不论是关于国家与社会组织结构性关系的争论，还是有关其互动策略的经验考察，以各类社会组织行动发展为切入的国家—社会关系探讨始终成为贯穿其中的一条核心主线。不可否认的是，改革开放的历史进程的确为中国社会创造出相对独立于国家的一定社会活动空间和社会自由流动资源（孙立平，1993），而"国家—社会"关系分析视角的引入也在有关中国社会发展研究的各个领域催化产生了大量优秀研究成果（陈映芳，2015）。但是，固守国家—社会关系分析框架却使得中国社会组织发展研究越来越陷入一种"理论贫困"（theoretical poverty，Salmenkari，2013）的境地，其中社会组织发展相对于国家的自主性问题始终是该领域一个充满争议却又悬而未决的议题（Ma，2002；Lu，2007；王诗宗等，2013；黄晓春等，2014），以至于逐渐陷入"单一自主性陷阱"（纪莺莺，2013）。笔者认为，国家—社会关系框架对中国社会组织发展研究继续向前推进所形成的掣肘主要表现在：一方面，在外部基础环境不变的情况下，社会组织发展与国家之间的互动关系结构难有大的突破，对相应研究的理论与概念创新也难有期待；另一方面，除了国家因素外，对社会组织发展同样具有重要影响的其他面向长期被忽视，未能进入研究者的考察视野，从而大大限制了中国社会组织发展研究在更多元维度上的现实洞察力。事实上，这一研究视角的局限也越来越为学界同仁所共识，一些研究开始将观察视野进行扩展，考察内容分别涉及社会组织内部合作与竞争关系状况（朱健刚、赖伟军，2014；Wu，2017；Zhou，2018）、社会情境性因素对社会组织运行发展的潜在影响（孙飞宇等，2016；邓燕华，2019）以及非营利组织与其社会服务对象之间的互动关系结构（Liu et al, 2018），等等。

虽然部分新近研究成果在考察视角上相较于既有国家—社会关系框架已逐渐有所拓展，但仍有一个对中国社会组织发展而言具有潜在重要影响的关键因素未能获得研究者足够关注，即"市场"机制。从理论上来看，"国家—市场—社会"构成现代社会体系运行发展的三大核心组成部分，三个部门之间存在明显两两相互作用和影响。由此，作为"社会"核心构成要件之一的现代社会组织发展在受到来自国家力量形塑的同时，理应与市场之间也形成一定的互动关系。尤其是基于改革开放以来中国经济市场化改革的纵深推进及其所取得的举世瞩目成就，市场机制对我国"社会"领域运行发展的渗透式影响早已成为无可避免的社会现实。然而吊诡的是，尽管加拿大学者张伯伦（Chamberlain，1998）早在二十世纪九十年代末即已提醒研究者要对市场力量在形塑中国社团发展过程中的具体影响机制给予重视，但中国社会组织发展研究的市场维度至今尚未得到学术界的足够关注。以此为背景，本书尝试以中国社会组织发展研究的视角拓展为切入，重点围绕市场相关要素在我国非营利部门内部的植入过程及其可能带来的潜在影响展开探讨考察。

二、历史情境：中国社会组织发展的资源环境变迁

市场机制对非营利组织发展的嵌入式影响可以通过多种路径发挥作用。比如，政府向社会组织购买公共服务过程中竞争性外包机制（contracting）的引入，吸引了众多商业企业进入社会服务市场，从而导致非营利领域竞争的激化与合作逐渐减少（Tuckman 1998）。与此同时，社会企业（social enterprise）概念及其多种实践模式在全球范围内的大规模兴起也成为学术界有关非营利市场化议题研究的重要考察关注对象（Eikenberry & Kluver 2004）。本书尝试从我国非营利部门内部公益基金会与一线非营利组织之间新型资助关系角度切入，对国内社会组织发展过程中的市场要素植入现象展开经验考察。笔者之所以选择这一研究路径，需要回到我国社会组织发展的外部资源环境变迁脉络中寻找依据。

改革开放后的中国非营利部门发展除了早期官办社会组织主要由各级政府部门主导发起创办外，大量纯民间背景公益机构的兴起也有其独特的历史情境。民间公益机构作为一个组织群体在中国的出现，一方面依赖于伴随改革进程形成的社会开放空间，另一方面也必须建立在一定的现实物质经济基础之上。① 然而，在经济基础方面，二十世纪八九十年代的国内社会资源条件并不足以支撑大量民间公益机构的生存发展。那时的中国社会才刚刚从改革前的经济困难中走出，社会财富积累处于起步阶段，民间慈善捐赠既缺乏物质基础，也没有相应的社会舆论环境

---

① 实际上，对于威权体制下的非营利组织发展而言，制度和资源环境构成了形塑其生长和发育过程两大最关键的外部要素，这也使得"制度—资源"框架长期以来在中国社会组织发展研究领域成为一个极其重要的分析工具（参见邓雅丽、王金红，2004；和经纬等，2009；陈天祥、徐于琳，2011，等）。

支撑。更重要的是，受限于政策上的约束，彼时的大多数民间公益组织缺乏制度上的合法身份（邓雅丽等，2004；谢海定，2004），它们甚至连接受社会捐助的资格都没有，当然也更不可能获得来自政府部门的资源支持。由此，当研究者尝试探索中国草根社会组织的最初起源时，往往发现的一个基本状况是：大量中国民间公益机构的早期发展依赖于来自国际资源方的资助与支持，这些国际资源方包括海外基金会、国际发展援助组织、外国宗教慈善机构，等等（Zhang & Baum，2004；Yang，2007；Hildebrandt & Turner，2009；社会资源研究所，2016）。

上述中国民间公益机构早期兴起过程中的国际资源依赖状况在国内社会组织发展领域形成了一个形象的比喻，即早期草根公益机构多数是"喝洋奶长大"。这一论断具体是由谁在何时率先提出已经无从查证，但对于国际资源方在推动中国草根公益机构早期发展过程中的重要角色，可以说在国内社会组织发展领域已经形成一定的共识。普遍认为，早期中国民间公益机构除了从国际资助方那里获得机构发展资金上的支持外，同时在理念视野、工作方法和技术能力等各个方面也受到国际资助方的深刻影响，经历了相应的启蒙和培育过程。与此同时，国际机构对中国民间公益机构早期发展的资助支持事实上也获得了来自官方的默许。改革开放后最早进入中国的国际组织很多是在中央政府的邀请下来华开展工作，旨在为改革中的中国社会提供经济社会发展所需的各种援助，而通过资助和支持一线非营利机构运作方式来实施其援助项目乃是国际组织在中国大陆开展工作的重要形式之一。①

---

① 当然，并不是说所有国内民间公益组织早期都是在国际机构的支持和影响下发展起来，不同地理区域和不同工作领域的草根组织发展也可能呈现出一定的差别。比如，有研究指出教育领域社会组织更少依赖境外资助，而更多地能够获得来自国内的社会慈善捐助（Spires et al，2014）。Spires 的研究甚至发现，外国基金会对中国的捐赠事实上大部分资助给了政府机关、高校科研单位及官办 NGO 等三类组织，而真正民间背景的草根公益机构获得的资助非常少（Spires，2011b）。但是，笔者认为，早期中国草根社会组织的存量似乎也并不足以消化大规模的海外捐助，这可能也是早期境外资助大部分流向官方组织的重要原因之一。就中国民间公益组织的总体培育发展而言，境外资源方的早期支持作用不可忽视。用一位国内民间公益机构负责人的话说：如果没有大量国际机构的早期资助与支持，中国的民间社会组织迟早也会发展起来，但是中国民间公益的发展可能至少要滞后五到十年时间。

不过，国际机构对中国民间公益组织发展领域的支持在最近十几年间逐渐出现一定的变化。一方面，随着经济持续快速发展带来国力的增强，中国已经不再符合一些发达国家对外经济援助的标准，从而使得来自海外的各类援助项目逐渐减少。尤其是2008年我国成功举办奥运会后，部分西方国家开始提出中国是否还属于发展中国家的质疑。① 另一方面，二十一世纪以来在独联体国家及中亚地区频繁发生的"颜色革命"也促使中国政府逐渐提高对海外在华资助机构的警惕，开始加强对海外非营利组织在华工作的监督和管控。2009年，国家外汇管理局下发《关于境外机构捐赠外汇管理有关问题的通知》，要求加强对国际捐赠资金的管理，显示中国政府对海外在华资助机构的态度趋于谨慎（贾西津，2017）。此后，在总体国家安全观的战略指导下中央政府开始着手制定更为系统的境外非政府组织管理法案，最终形成了2016年4月通过并自2017年1月1日起实施的《境外非政府组织境内活动管理法》。以上出现的一系列变化使得大量早期主要依靠国际资助支持发展起来的民间公益机构逐渐面临"断粮"危机，"洋奶断流"也成为2010年前后国内民间公益领域被普遍讨论的重要话题之一。②

面对上述海外资助资源供给的不确定性，大量民间公益组织不得不开始转向寻求本土资源支持。而在本土社会资源的动员方面，国内公益

---

① 例如，曾经连续十年向中国提供抗击艾滋病等资金资助的"全球基金"在2011年初冻结了三个月的对华项目资助，并在2013年底提前结束对华援助项目。有报道曾在2011年全球基金第一次冻结对华项目时援引基金理事会原发展中国家NGO代表团成员的话称："暂停资金是一种博弈，早些年英国、澳大利亚等国的对外援助策略已经缩小了对中国的资金投入，因为在中国以负责任的大国形象示人的同时，西方各国正在问：中国是否还属于发展中国家？"（参见：《博弈全球基金"解冻"》，载《财经》，2011年第17期）。

② 这种讨论从各类国内期刊媒体的调查报道中可见一斑。参见：《洋奶渐少：甘肃草根NGO生存趋于艰难》，载《中国发展简报》，2011年秋季刊；《草根NGO：面对"洋奶"断流》，载《中国社会工作》，2012年第13期；《民间组织"洋奶"断流，考验本土资源对接》，载《财新周刊》，2012年第11期；《国际资助撤离后，民间NGO的生存抉择》，载《公益时报》，2013年4月9日。

基金会从一开始就被各方寄予极大的期望,这种期望也建立在我国基金会组织群体在最近十几年间取得的快速发展基础之上。自 1981 年第一家全国性公益基金会(中国儿童少年基金会)发起创办以来,伴随着国内经济的长期高速发展,我国公益基金会领域在过去四十年间从无到有取得了快速突破。尤其是 2004 年年初《基金会管理条例》的颁布实施,为我国民间背景公益基金会的发展开闸放行,使得中国基金会领域全面进入高速增长的"快车道"。根据中国基金会中心网实时数据统计,截至 2020 年 1 月 31 日,我国在各级民政部门登记注册的基金会组织总量达到 8565 家,为 2004 年《基金会管理条例》刚刚颁布时数量的接近 13 倍(中国基金会数量历年增长变化趋势如图 1.1 所示)。此外,统计数据显示,截至 2019 年年末,全国基金会组织群体掌握的社会公益净资产总规模达到 1810 亿元,实现年度捐赠收入 712.9 亿元,公益支出 657.6 亿元(程刚等,2021)。毫无疑问,我国公益基金会领域的快速发展为本土基金会组织群体逐渐承担起一线非营利组织发展的支持者角色提供了可能。

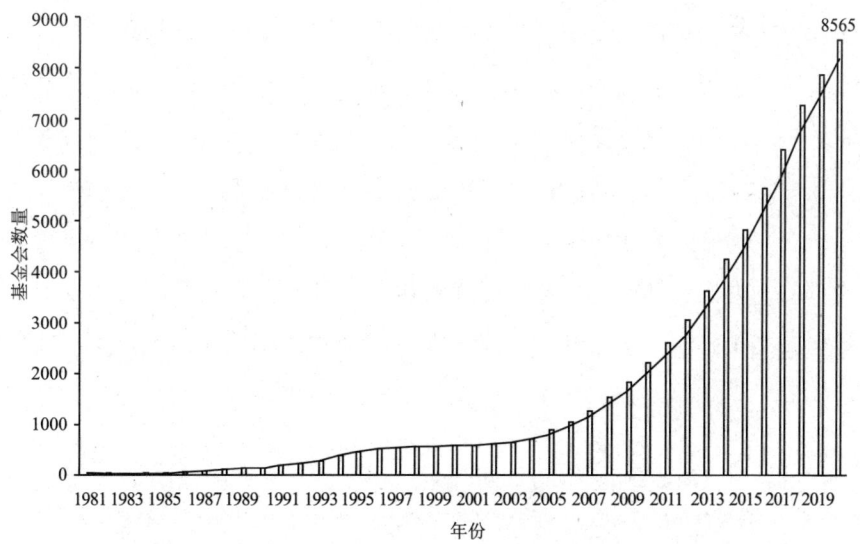

图 1.1　中国基金会发展整体数量增长趋势(1981—2020)

事实上，本土公益基金会对一线非营利社会组织的资助行动甚至在国内民间公益机构的国际资源危机全面爆发之前就已经逐渐出现。根据笔者进行的实地调研及收集的大量二手资料显示，大概在2007年前后国内开始出现若干个以支持和资助其他非营利机构项目运作为主要工作开展方式的公益基金会。2008年汶川地震救灾期间，大量草根组织自发涌入灾区参与救灾，被认为是中国民间公益机构的第一次集体亮相，并由此开启了本土公益基金会与草根公益组织之间的首次大规模联合行动（朱健刚、王超、胡明，2009）。比如，由上海南都集团在国家民政部注册设立的南都公益基金会在汶川地震发生后紧急安排1000万专项资金，为一线非营利机构参与救灾和灾后重建工作提供资金支持；中国红十字基金会也在相关社会力量的推动下从收到的十几亿地震救灾捐赠中拨款2000万元，面向民间公益组织招标灾后重建项目。此后，有关基金会与一线非营利社会组织合作及联合议题开始成为我国非营利部门内部被着力倡导推动的一个重要发展方向。2010年前后，随着国内民间公益机构发展的国际资源困境逐渐显现，我国本土基金会在支持推动民间公益组织发展方面的角色开始被更多地关注和强调。行业内的普遍期待是，本土公益基金会能够顺利承接起早期国际机构培育和支持中国民间公益组织发展的角色，通过基金会这种来自非营利部门自身内部的资源供给，以在一定程度上保持我国社会组织发展的相对自主性。

在我国基金会领域整体快速崛起的背景下，经过最近十几年间行业内部的大力倡导和推动，一批以资助和支持国内一线非营利组织发展为导向的本土公益基金会开始出现（业内统称"资助型基金会"①），并逐

---

① 关于"资助型基金会"的概念理解，事实上国内非营利部门内部也并没有明确的统一界定。不过，一个普遍的行业共识是资助型基金会通常指以支持和资助一线民间公益机构发展及其项目开展为导向的基金会。这种民间公益组织支持的导向性使得资助型基金会与另外两种基金会类型形成区分：一是传统面向社会弱势群体个人发放救助性资助的基金会，二是对基层政府进行援助性资助的公益基金会。

渐形成一个相对稳定的基金会资助者群体。比如，上海南都集团注册创办的南都公益基金会于2010年和2011年设计实施了分别致力于支持国内民间公益组织创办者个人及行业骨干机构发展的"银杏计划"和"景行计划"两大资助项目；在由数百位中国企业家联合发起的阿拉善SEE生态协会基础上注册成立的北京市企业家环保基金会（又称SEE基金会）于2012年先后推出了旨在支持国内环保民间公益组织发展的"劲草同行"和"创绿家"资助计划；由福建正荣集团发起成立的正荣公益基金会则在2014年设计实施了以支持我国二三线城市初创期民间公益组织发展为导向的"和平台"项目。2015年年初，在国内多家资助型基金会的联合倡议发起下，一个旨在推动基金会资助者之间交流学习及能力提升的行业平台——"中国资助者圆桌论坛"（China Donors Roundtable，CDR）创办成立，标志着国内资助型基金会社群内部开始形成更加紧密的连接与互动。2017年1月，由10家国内基金会联合发起的"中国环境资助者行动网络"（China Environmental Grant-makers Alliance，CEGA）在北京启动成立，本土基金会资助行动呈现出逐渐向特定社会议题进行聚焦并不断强化资助者内部合作的趋势。

三、研究问题：本土基金会资助的制度逻辑影响

本土资助型基金会的兴起无疑为我国民间背景非营利组织[①]发展注

[①] 从组织属性上讲，基金会与民间背景社会组织应该同属于非营利组织范畴。不过，为了对基金会资助者与接受基金会资助的其他非营利组织形成有效区分，学术界一般采取将基金会从非营利组织类型中"悬置"出来的做法，对基金会与受资助非营利组织之间的资助关系直接以基金会与非营利组织关系进行称谓。本研究同样接受这一通行的概念使用方法，将基金会与受资助社会组织之间的资助关系直接称为基金会与社会组织资助关系。此外，笔者也遵循学术界关于第三部门、非营利部门及非政府部门等三个概念（以及国内与之相对应的社会组织概念）通用的做法，对相关概念进行交叉使用。

入了全新的资源动力,尤其是随着最近十几年间大量企业和企业家背景基金会的创办成立,本土公益基金会逐渐成为国内草根公益机构遭遇国际资源困境后一个极其重要的替代性发展资金来源。而正是基于我国民间非营利机构上述外部资源供给环境的变化,有关中国社会组织发展的本土资源动员问题成为一个潜在的重要研究议题。根据组织新制度主义(New Institutionalism)及资源依赖(Resource Dependence)理论,对于特定组织行动者而言,不同的外部资源环境通常意味着对组织截然差异化的制度性要求(Powell & DiMaggio, 1991; Scott, 1994; Binder, 2007)。也就是说,不同资源获取方式往往会给非营利组织发展带来不同的"制度逻辑"(Institutional Logic)① 约束。比如,商品销售与服务收费等资金来源一般要求非营利组织按照市场化逻辑进行运作,而政府支持性收入则可能给非营利组织带来另一套截然不同的官僚及行政体制约束。即使是在社会慈善捐助收入项目中,来自不同社会主体的慈善捐赠也通常伴随着差异性的捐赠方诉求。由此,基于我国非营利组织发展的外部资源环境变迁,本书核心关注的问题是:对于经历了从国际资源支持到本土资源动员转向的中国非营利部门而言,如果说早期国际资源支持在本质上帮助催生了一批相对独立于政府部门的真正意义上的中国民间背景社会组织(Bentley, 2003; Zhang & Baum, 2004),那么新近来自本土公益基金会的资源供给又将给国内非营利部门发展带来怎样的潜在制度性影响?

当然,如果从我国社会组织发展本土资源动员的整体结构来看,除

---

① "制度逻辑"是新制度主义的核心理论概念之一。Friedland 和 Alford(1991)认为,每种社会制度都内在地包含一种中心逻辑,这种内在制度逻辑为行动者提供有关自我意识和行为动机的指引,并对制度影响范围内的行动目标及手段产生限制和约束。Thornton 和 Ocasio(1999)将制度逻辑界定为"作为社会性建构的有关人类物质实践、假设、价值、信念及规则的历史图式"。自 Friedland 和 Alford 最早提出制度逻辑概念后,经由 Thornton 和 Ocasio 等人的推进发展,制度逻辑已经成为当前西方组织研究领域最重要的分析视角之一。有关海外制度逻辑分析的相关研究进展,参见:Thornton & Ocasio, 2008; Thornton et al, 2012。

基金会资助外另一个极其重要的本土资源供给来源乃是来自政府的资金支持。其中，几乎与本土资助型基金会出现同步，国内政府部门大概在 2007 年前后开始探索通过向社会组织购买服务转变公共服务供给方式。这种探索首先从上海、广东等经济发达地区试点起步，此后逐步推广到全国其他区域。及至 2012 年前后，在新一届中央政府的大力推动下，政府购买服务模式在全国范围内得到全面推广，各级政府部门投入大量资金向社会组织购买公共服务。此外，在恩派（NPI）非营利组织发展中心的支持下，上海市民政局从 2009 年开始探索以公益项目大赛的形式向民间公益机构提供经费支持，此后各种政府培育社会组织发展专项基金①及由政府部门主办的各类社会组织培育孵化基地在全国各地大量涌现。如果单纯从资金体量上来看，基金会资助基本无法与政府资源投入相媲美。② 不过，由于针对政府资金支持可能给一线非营利组织发展带来的潜在影响，海内外已有大量相关研究探讨（Salamon，1995；Guo，2007；Brooks，2000a；徐盈艳等，2018；沈永东等，2019；叶士华等，2020），因而不构成本书的考察关注对象。

就我国本土资助型基金会兴起的行业发展效应而言，尽管随着国内公益基金会领域的快速发展，有关基金会与一线非营利组织之间的资助

---

① 有关国内政府部门购买服务经费与政府培育社会组织专项资金之间的区分，一般认为前者在社会服务项目的主导性上占据更主要的位置，即政府部门通常有自身明确的社会服务项目需求及清单，在此基础上再向社会组织进行采购。而后者多以支持社会组织的机构发展经费为形式，即使是项目式支持也以社会组织的自有项目为主。

② 以广州市为例，从 2008 年起广州开始试点政府购买社工服务，截至 2018 年累计向各类社会服务机构投入经费达 25 亿元，平均每年资金投入超过两亿（参见新华网：《广州累计投入政府购买社会工作服务资金 25 亿元》，2018 年 12 月 18 日，http：//m.xinhuanet.com/gd/2018-12/18/c_1123872396.htm）。此外，广州市民政局从 2014 年开始以政府"公益创投"大赛形式，每年从福利彩票公益金中拿出上千万资金支持社会组织公益服务项目，仅 2017 年入选的 165 个公益项目获得 2240 万元专项资助（参见广州市民政局网站《关于确定广州市第四届社会组织公益创投活动资助项目的通知》，2017 年 5 月 5 日发布，http：//www.gzmz.gov.cn/gzsmzj/shzz/201705/56e67074a79b44f4ae0725afd504cfec.shtml。

关系问题也逐渐引起海内外学者研究关注，但仅有的几篇文献要么是基于早期行业基线调查数据对我国基金会与非营利社会组织资源关系的简单描述性分析（Spires et al，2014；Lai et al，2015），要么是从基金会资助实践推动及其策略提升角度对目前国内相关基金会资助行动案例展开经验考察（李怀瑞，2018；杨义凤，2019；李健、荣幸，2021），尚缺乏针对基金会资助实践开展过程中与一线非营利组织具体互动关系及其可能给我们非营利部门整体发展带来潜在影响的有效探究。本书认为，基于我国本土资助型基金会兴起发展的独特历史背景，企业及企业家群体在大量基金会发起创办及其组织运作管理中的积极参与介入直接影响了基金会对外资助工作开展的实践模式选择，尤其是为市场要素及相关理念在基金会资助行动开展过程中的植入提供了极佳的嵌入路径，并进而通过对一线社会组织的资助式影响带来我国非营利部门发展的市场化倾向。不过，面对本土基金会资助过程的市场化引导，大量民间公益组织对非营利市场化发展的潜在消极后果保持高度警惕，呈现出一种市场化"文化霸权"与草根公益机构反霸权之间的对比。

四、篇章结构与内容安排

本书总共包括八个章节，除了本章作为导论部分对研究的切入背景进行介绍并提出研究问题外，后续七个章节的主要内容结构安排如下：

第二章分别从概念、动因及效应三个层面对海内外既有关于非营利市场化议题的研究考察文献进行了系统梳理，并以此针对既有研究以西方发达国家（尤其是美国与西欧国家）为主导的局面加以评述反思。基于中国社会组织发展的现实复杂性，笔者进而提出需要对我国市场化导向的官办社会组织去行政化改革与民间背景非营利组织的市场化发展趋势进行区分，进而将本书的考察关注对象核心聚焦于市场化机制对国内民间非营利机构发展可能造成的潜在影响上。

第三章为有关本研究开展的具体研究方法及资料收集过程的详细介绍。笔者首先对研究田野地点选择的主客观两方面条件进行了介绍，进而针对本书所使用的半结构访谈、参与式观察及二手资料分析等三种主要质性资料收集方法开展详细梳理，尤其重点回顾了笔者在 2016 年 5 月至 2017 年 3 月期间开展的田野调研工作，并对相关田野调研经验进行了总结分享。

第四章基于我国资助型基金会兴起发展的独特历史轨迹，对本土资助型基金会组织社群出现形成的内外部动力机制展开考察。其中，在外部动因方面，笔者从介绍早期中国基金会领域的封闭式运行体系入手，探讨推动资助型基金会发展何以成为中国公益基金会行业的特有问题，以及为打破这种封闭式组织运行体系需要怎样的行业发展环境。而在社群出现的内部动力层面，笔者尝试把资助型基金会社群在我国公益基金会行业内部的形成过程看作一种典型的组织发展现象，通过借用组织社会学的"组织场域"（Organizational Field）分析性概念，对我国资助型基金会组织场域形成建构的内在动力过程加以考察呈现。针对本土资助型基金会兴起发展动力问题的探索回答，将有助于形成关于我国资助型基金会社群内部市场化逻辑何以嵌入的基础性理解。

第五章侧重围绕市场化逻辑影响嵌入基金会组织场域内部的多元路径及其具体表现形式分别加以检验和呈现。经验考察表明，企业和企业家群体在参与基金会组织发起创办及介入基金会机构运作管理中的重要角色构成市场化逻辑得以嵌入基金会场域的一条关键通道，同时市场机制在当前中国社会所获得的普遍"合法性"对基金会组织场域内部的市场相关要素输入形成进一步强化效应。与市场化逻辑嵌入资助型基金会组织场域的以上路径相对应，其在基金会场域内部的具体影响也大致表现在基金会组织日常管理运营和基金会行业整体话语思维两个层面。总体来看，众多资助型基金会决策者与管理人员表现出对市场机制及商业力量的无意识认同和信仰，由此构成基金会将市场相关要素植入其对外资助实践并对一线非营利组织运行发展产生直接影响的基础。

第六章以两个国内典型基金会公益创投资助项目为研究案例，围绕市场相关要素如何植入基金会资助行动的具体过程展开经验考察，以此揭示出基金会公益创投式资助实践对一线非营利组织发展的潜在形塑性影响。案例考察发现，针对受资助非营利机构进行能力建设培育构成基金会公益创投资助实践的核心内容模块，基金会在为社会组织提供机构发展经费支持的同时，通过企业家群体在能力建设过程中的积极介入和参与将一整套市场价值理念及商业创业经验输入给一线非营利机构。基金会资助者试图以一种完全商业化的思维对受资助非营利组织进行改造，以实现基金会标准下非营利组织效能的提高。总体来看，市场化思维指导下的基金会资助实践在一定程度上帮助增强了受资助公益机构的外部社会资源动员及组织发展能力，但同时也可能造成一定的场域制度逻辑错配，并由此带来一系列潜在负面效应。

第七章侧重从民间非营利组织角度对基金会创投式资助实践中的市场要素植入影响开展考察评估。首先，针对能力建设的总体效用问题，与基金会强调商业经验与市场机制对非营利组织工作开展具有重要参考借鉴价值不同，民间公益组织并不认为来自商业世界的价值理念及相关运行机制普遍适用于公益领域。其次，经由企业家群体的参与培训与介入辅导，组织发展的资源竞争理念被植入到非营利部门内部，在导致部分民间公益机构出现明显资源优先倾向及组织目标漂移的同时，也引起了非营利组织负责人对公益机构发展资源导向性的明确质疑。此外，基于前期行业发展的已有经验积累，民间公益行动者内部逐渐形成有关非营利组织多元社会功能承担的明确认知，进而对市场化和商业思维指导下非营利部门发展的公共价值流失风险保持高度警惕和反思。

第八章结论部分对本书的核心考察发现进行了总结梳理。呼应导论部分提出的有关我国社会组织发展外部资源环境变迁的制度逻辑影响之问，本书以本土资助型基金会兴起及其公益创投式资助实践为重点考察对象，揭示出一种区别于政府"行政吸纳"逻辑的"市场吸纳"效应，在弥补既有中国社会组织发展研究长期由"国家—社会"分析框架主导不足的同时，也对海外政治社会学主要以"阶级分析"视角切入基金会研究的已有文献形成补充。此外，结论部分还就本书的相关局限及未来的潜在推进方向进行了一定讨论和展望。

第二章 文献梳理与研究述评

二十世纪八十年代以来，伴随西方新自由主义市场经济改革的推行及政府新公共管理运动的兴起，全球非营利部门被裹挟进入一股至今看来仍呈不可逆转之势的"市场化"（marketization）（Salamon, 1993; Eikenberry & Kluer, 2004）大潮之中。作为一个领域总体性现象，非营利市场化涵盖了从具体组织结构与行为到部门整体话语及思维的全方位转型过程。① 其具体表现在：非营利机构工作职业化和治理正式化（Skocpol, 2003; Hwang & Powell, 2009），商业创收在非营利领域的逐渐流行与普遍化（Weisbrod, 1998; Moeller & Valentinov, 2012），非营利行动者对企业化管理理念及其实践的推崇和借鉴（Klausen, 1995; Hvenmark, 2016），以及市场竞争与效率原则在整体非营利部门影响的日益盛行（Smith & Lipsky, 1993; Frumkin & Clark, 2000），等等。随着市场化转型过程中非营利机构与商业组织越来越呈现出内外趋同，有研究者甚至提出原本存在于非营利和市场之间的部门界限逐渐变得模糊不清

---

① 虽然实证研究有关非营利市场化的探讨考察出于研究对象操作化的需要主要指向非营利组织机构层次的多维转型，但在规范性讨论层面海外学者针对相关议题的探讨往往同时涉及非营利部门层次的一系列宏观转型（详见本章概念化梳理部分）。正是基于这一转型过程的领域总体性，本章针对既有研究文献的考察梳理选用"非营利市场化"概念（而不是"非营利组织市场化"），以对非营利整体部门层次与具体组织层面的多元转型内容形成统合。

(Bills, 1993; Dees & Anderson, 2003), 因而没有必要再继续固守非营利组织的特殊性 (Bromley & Meyer, 2017)。正是基于这一转型过程的规模之大和影响之深, 非营利市场化相关问题成为过去数十年间海外非营利研究领域最核心考察议题之一 (Maier et al, 2016)。

  作为全球非营利部门的一部分, 中国非营利领域的发展同样受到上述市场化转型过程的影响。一方面, 国内经济市场化改革所取得的巨大成就某种程度上帮助确立了市场机制在当前中国社会的普遍合法性 (legitimacy), 而非营利组织无疑处在这种合法性的"制度同构式"(institutional isomorphism) (DiMaggio & Powell, 1983) 影响之下。另一方面, 借助全球跨国公益资助网络, 国外非营利市场化模式及理念也逐渐向我国非营利领域植入其影响 (Spires, 2012)。近年来, 国内非营利实务界出现的针对公益与商业之间关系的激烈争论即是这种影响日益深化和凸显的重要例证 (康晓光, 2018; 吴强, 2018)。在此背景下, 有关中国非营利部门市场化现象的研究考察也逐渐引起关注。然而, 梳理目前国内数量有限的研究文献, 其主要为针对相关议题的领域性介绍和规范性探讨 (李江帆等, 2004; 张玉磊, 2008; 黄春蕾等, 2015; 徐勇等, 2015), 另有少量关于非营利组织市场化及企业化策略模式的案例考察 (罗文恩等, 2010; 田蓉, 2016; 王诗宗等, 2019)。除了近期出现的有关我国社会组织"理性化"(rationalization) 动力机制的个别解释性研究 (宋程成, 2017b, 2019), 基于经验证据的议题实证分析明显不足, 尤其是针对市场化趋势可能给我国非营利部门整体发展带来怎样的潜在影响缺乏有效评估。尽管少量营销及管理学者尝试从组织营销角度对我国非营利机构"市场导向"(market orientation) 的内外动因及其绩效结果展开考察 (周延风等, 2007; 胡杨成等, 2009), 但这方面的探讨在视角上显然过于局限, 未能涉及非营利转型研究的更核心命题。整体来看, 正如笔者在上一章导论部分所指出, 市场要素在我国社会组织发展研究领域长期由"国家—社会"关系分析框架主导的背景下并未获得研究者足够关注。本章以下将对近三十年来①海内外有关非营利市场化议题的研究探讨文献展开系统梳理，并对其存在的问题加以反思，以此形成本研究开展的考察分析角度。

一、非营利市场化的多元现象概念化

作为一个领域总体性现象，非营利市场化事实上是一个包含多层次和多维度内容的描述性概念。在市场化概念统合之下，既有研究文献分别从不同角度、不同侧面针对相关转型维度展开探讨考察。其中，涉及研究者聚焦具体研究分析对象并对其分别加以概念化的问题。

普遍认为，二十世纪八十年代西方福利国家体制改革的推行和政府新公共管理运动的兴起主要通过两种路径对各国非营利部门发展产生直接影响：一方面，为有效减轻政府福利负担而进行的社会服务总体预算缩减改革，使得原本主要依靠政府资金支持的大量非营利机构遭遇组织资源困境（Salamon，1999）；另一方面，市场效率原则指导下政府引入服务外包机制（contracting）吸引了众多商业企业进入社会服务市场，从而进一步加剧了非营利组织面临的外部资源竞争（Gilbert，1985；Tuckman，1998）。上述资源压力带来的直接后果是，大量非营利机构被迫转向探索商业创收以寻求新的组织发展资源。针对这一最早出现并随即引起广泛研究关注的非营利转型现象，学者们通常用"商业化"（commercialization）概念加以概括指称（Weisbrod，1998；Kerlin & Pol-

---

① 具体研究文献收集和选取方面，伴随西方福利市场化改革的推行，虽然海外学者有关全球非营利部门转型的探讨关注自上世纪八十年代起即已有所涉及（Gilbert 1985；Kramer 1985），但针对相关议题的系统考察事实上从九十年代初才真正开始，并逐渐形成一个吸引众多学者参与其中的重要研究领域。因此，笔者将主要对上世纪九十年代以来过去三十年间海外非营利市场化研究文献的脉络结构展开考察。

lak，2011；Moeller & Valentinov，2012；杨凤禄等，2007）。具体行为层面，非营利组织商业化主要表现为服务收费（fees）和商品销售（sales）两种机构创收策略（Salamon，1993；Dees，1998）。根据已故非营利研究知名学者、前约翰霍普金斯大学萨拉蒙教授团队开展的一项全球非营利部门跨国比较研究，截至二十世纪九十年代末服务收费和商业收益在世界各国非营利组织收入构成中所占比重达到53%，超过政府资助和慈善捐赠成为全球非营利机构发展的最主要收入来源（Salamon et al，1999）。

商业创收行为之外，几乎同时出现并逐步引起学者们研究考察关注的还有非营利机构内在组织结构的多重变化。比如，非营利组织的工作职业化（professionalization），表现为全职领薪人员及具有相关专业或职业背景人士在非营利机构人力资源结构中占比上升，而志愿者对非营利组织运行发展的重要性则逐渐降低（Skocpol，2003；Striebing，2017）。此外，有研究者侧重从理事会治理结构（governance）角度出发，考察大量非营利机构在外部资源竞争压力推动下对商业公司董事会治理模式的积极学习借鉴（Alexander & Weiner，1998）。另一些学者则关注非营利机构更多元"理性化"（rationalization）组织结构要件的配置，包括战略规划手段、财务审计制度、独立评估体系及外部顾问制度等（Hwang & Powell，2009；宋程成，2017b）。

同样在组织理性化维度，还有一部分学者更加聚焦非营利组织"管理化"（managerialization）现象的考察。新自由主义市场经济改革推进过程中，随着企业管理主义意识形态（ideology of managerialism）影响的日益盛行（Klikauer，2015），非营利机构被卷入一场积极向企业组织学管理的运动之中（Hvenmark，2013，2016）。研究表明，来自外部资源供给方的问责要求是推动非营利组织管理化实践的一个核心动力（Alexander et al 2010）。相较于社会公开问责侧重关注非营利组织财务透明和使命遵循等方面的内容，资助方问责通常更加关心受资助机构的工作效率表现（efficiency），因而绩效评估（performance measurement）成为引入非营利部门的最重要管理化措施之一（Lindgren, 2001; Zimmermann & Stevens, 2006）。具体技术层面，实证研究分别考察了不同绩效评估技术在非营利组织工作中的使用，包括结果导向评估（Keevers et al, 2012）和平衡积分卡模型（Hvenmark, 2013）等。一些新近的研究成果更是深入到相关技术植入现场，考察更加微观的非营利组织"管理化"发生过程（Willner, 2017）。

无论是商业化、职业化，还是理性化、管理化，事实上侧重关注的都是非营利机构在其组织行为与结构层面的转变。在上述不同侧面组织结构与行为考察的基础上，有学者进一步将"企业化"（becoming business-like）概念加以统合，指向非营利组织在市场化改革环境下向商业企业的全方位学习与转型过程（Dart, 2004）。比较而言，虽然也有个别研究者在诸如商业创收行为等狭义范畴上使用"市场化"一词（Mckay et al, 2015），但多数学者用到非营利市场化概念时通常包含更丰富的内涵。比如，除了机构商业创收现象外，萨拉蒙把企业参与社会服务市场竞争也纳入非营利市场化范畴（Salamon, 1993），而艾肯芭莉等人则更是将政府服务外包竞争、非营利组织与商业企业合作、社会企业发展及公益创投资助等视为非营利部门市场化的核心讨论维度（Eikenberry & Kluver, 2004; Eikenberry, 2009）。考察学术界后续大量以非营利市场化为主题的探讨文献，其大部分是在艾肯芭莉等人所指称的意义上使用市场化概念（张玉磊，2008；罗文恩等，2010；Evans et al, 2005; Han, 2017; Yu & Chen, 2018; Wang, 2020）。因此，如果说商业化、职业化、管理化等分析概念主要侧重关注的是有关非营利组织机构层面多元行为与结构变化的考察，那么非营利市场化则更多从整体非营利部门层次对非营利多维转型现象形成概念统摄，这一概念具体指涉层次上的区分对议题实证研究的开展至关重要。

二、非营利市场化的潜在动因考察

基于上述非营利不同层次及不同维度转型现象的具体锚定，学者们继而分别从原因解释和影响评估两个角度对非营利市场化议题研究加以推进。在原因解释方面，研究者试图揭示非营利多重转型背后的具体动力机制，其中资源依赖和制度主义成为学者们援引最多的两个核心理论解释视角。

资源依赖理论认为，为了适应外部资源环境变化，组织需要采取一定的策略性行动以维持自身生存（Pfeffer & Salancik, 1978）。对非营利组织而言，导致其一系列转型发生的外部资源压力主要来自两个方面。首先，西方福利国家改革背景下政府公共服务预算缩减及企业参与社会服务市场竞争导致的非营利部门资源困境，是促使大量非营利机构转向探索商业创收以寻求组织替代性发展资源的直接推动力（Bush, 1992；Tuckman, 1998；Weisbrod, 1998）。在经验数据上，其通常表现为非营利组织获得政府资金资助规模与其商业创收活动收益之间呈现明显负相关性（Leroux, 2005）。其次，绩效评估等"管理化"技术在非营利组织内部的植入则主要来源于外部资助方的明确要求，研究表明即使这种企业式绩效评估要求可能在某种程度上导致资源提供方与受资助机构之间的矛盾和张力（Benjamin, 2010），包括政府和公益基金会在内的各类非营利资助者对此仍极为推崇（Thomson, 2010；MacIndoe & Berman, 2012）。

不同于资源依赖理论对资源压力的侧重关注，制度主义视角更加强调外部制度环境要素对促进非营利部门多重转型的影响。根据组织新制度主义理论，制度因素可以通过政策强制（regulative）、规范引导（normative）及模仿学习（mimetic）等多种机制对组织行为产生制度同构式影响（DiMaggio & Powell，1983）。比如，政策强制层面，除了基于资源供给关系对非营利机构提出绩效考核等组织管理化要求，政府还可以通过制定相关"规章制度"明确要求非营利部门推行相关组织管理举措（Irvin，2005；Carlson et al，2010）。而在行业规范层面，有研究表明部分非营利机构理事会治理结构的企业化并不是迫于外部资源压力，而更多是因为处在特定行业协会系统内部，其背后呈现出领域"规范文化"的影响（Alexander & Weiner，1998）。此外，一项基于长时段面板数据的实证研究发现，美国不同领域非营利组织获得政府资助及私人捐赠的规模并没有随着商业创收的增加而减少，因而资源依赖无法解释非营利部门的商业化转型（Kerlin & Pollak，2011）。研究者进而提出，面对不断增长的社会服务需求，非营利组织通过积极向商业企业"模仿学习"扩大服务供给以回应现实服务需求，才是非营利商业化趋势背后更具解释力的因素。同样以制度理论为视角，除了从以上三个层面揭示制度要素的具体影响外，一些研究还考察了特定职业背景的"制度行动者"（institutional actor）等结构要素在推动非营利组织企业化转型中的制度作用机制（Hwang & Powell，2009；Song & Yin，2019；宋程成，2017b）。理论建构方面，北美学者布隆利和梅耶甚至从近代人类文化总体趋向理性化角度出发，对非营利组织的理性化趋势提出了一个更为宏观的制度性解释（Bromley & Meyer，2017）。

虽然资源依赖和制度环境对全球非营利部门市场化转型的影响呈现出不同的具体作用机制，但资源和制度两种影响机制之间似乎也并不截然对立，更多的时候其实是同时作用于非营利部门整体转型过程（田蓉，2010；宋程成，2017a）。已有大量经验证据表明，资源机制与制度机制的确在同时发挥作用。比如，一项有关非营利组织企业化过程的自我民族志（autoethnography）案例考察显示，以行业培训学习为主要形式的社会化机制（制度影响）及资助关系中的绩效考核要求（资源依赖）同时存在，共同推动非营利组织行动者自我职业化认同的建构形成

(King, 2017)。其他基于量化数据的模型分析同样揭示出制度同构和资源依赖双重影响的长期并存（Verbruggen et al, 2011; Marshall & Suarez, 2014）。除此之外，制度与资源之间的更微妙关系还在于某些情境下两者的作用存在交叉和重叠，尤其是当政府作为主要资助者对非营利组织施加影响之时，其作为资源供给方和政策制定者的双重身份使得以上两种作用机制能够实现完美重合（Macedo & Pinho, 2006; Carman, 2009）。

在资源依赖和制度主义两种主要理论解释视角之下，还有一些研究关注社会网络机制（尤其是非营利组织互动网络）对促进管理主义理念及非营利组织管理化技术传播扩散的重要作用（Robert et al, 2005; Marshall & Suarez, 2014）。其中，由西方非营利机构主导的大量跨国公益资助网络在管理主义理念及技术全球扩散过程中往往扮演关键角色，而中国非营利部门的发展同样处在类似跨国资助网络的影响之下。比如，斯皮尔斯关于我国草根社会组织早期发展的民族志考察发现，国外非营利资助者通过资助过程中的能力建设（capacity building）模块设计，向中国非营利组织灌输包括问责、治理和绩效等在内的大量组织职业化管理理念（Spires, 2012）。上述跨国公益资助网络之外，特定国家内部的非营利组织互动交流网络也表现出对管理主义文化扩散的重要促进作用（Appe, 2016）。当然，无论是国际公益资助网络还是特定区域非营利组织内部交流互动网络，其背后发挥核心影响的其实仍然主要是资源依赖和制度同构两种机制。

三、非营利市场化的多维效应检验

除了着力剖析非营利市场化转型出现的背后动力机制，研究者同时更为关心的另一个核心问题是这种转型可能给非营利部门发展带来怎样的潜在影响，针对相关问题的探讨考察构成海外非营利市场化研究长期以来充满争议的一个焦点议题。具体而言，学者们又分别从非营利多维转型对非营利机构的组织发展及其社会功能承担的影响两个层面展开争论。

（一）非营利转型的组织发展影响评估

在非营利多维转型的组织发展效应层面，有关非营利转型对非营利机构多元社会资源动员的影响率先引起争论。理论上，虽然商业创收能够为非营利机构带来一项重要收入来源，但过度商业化却可能侵蚀整体非营利部门的社会合法性基础（Salamon, 1999；Weisbrod, 2004），进而直接影响公众对非营利机构的捐赠意愿和积极性（James, 1998）。经验证据也表明，非营利组织商业创收行为确实会对其公众捐赠资源的获得产生一定的挤出效应（Kingma, 1995）。不过，相关经验证据似乎并不完全指向同一结论。另一些研究发现，忠实的非营利组织捐赠者事实上并不那么关心非营利机构的收入来源（包括商业创收）（Herman & Rendina, 2001；Guo, 2006），甚至对于特定领域的非营利机构而言其商业创收行为恰恰通过组织能力的证明在一定程度上促进了捐赠收入的增长（Segal & Weisbrod, 1998）。公众捐赠之外，非营利多维转型对其获得政府购买服务及企业资助资源的影响呈现出更为复杂的结构。比如，有研究表明志愿性协会组织的商业创收行为并不会带来政府资助的减少（Enjolras, 2002），机构职业化过程甚至有助于帮助非营利组织获得更多政府资助资源（Suárez, 2011）。但与此同时，另一些研究发现非营利组织商业化指数与其获得企业捐赠呈现反相关关系，而其理性化指标却与企业捐赠呈现正相关性（Suárez, 2013）。

除了社会资源获取，海外大量研究同时围绕非营利转型在其他多元组织绩效维度的影响展开考察。不过，相较于机构资源获取层面的诸多争论，学者们对于非营利多维转型的其他组织运行绩效影响似乎普遍持更加积极的态度。比如，有研究发现非营利组织商业化水平与其机构自评工作效率呈现显著正相关性（Guo, 2006），绩效评估技术的使用也能有效提升非营利组织的战略决策效能（LeRoux & Wright，2010），而机构职业化程度对非营利组织的信息披露实践同样具有积极促进作用（Striebing，2017）。一些营销学者尝试将商业研究领域的"市场导向"（market orientation）概念引入非营利研究场域，对非营利机构市场导向的组织绩效影响进行考察评估（Shoham et al，2006；周延风等，2007），结果发现非营利机构市场化导向能够有效预测其组织财务能力、服务对象满意度及机构创新能力等组织绩效表现（胡杨成等，2009；Kara et al，2004；Choi，2014）。此外，商业化和理性化非营利组织也被发现在与商业企业建立合作关系方面常常有着更良好的表现（Suárez，2013）。

（二）非营利转型的社会功能效应考察

组织发展影响之外，既有海外学者关于非营利市场化转型效应的研究考察更为集中关注的是其对非营利组织社会功能发挥的潜在形塑机制。根据非营利机构具体承担社会功能和多元角色的不同，相关研究分别围绕非营利转型的多维功能效应展开探讨。

首先，研究者普遍认为，不以营利为目的的非营利机构一旦出现市场化倾向，将容易导致注意力被分散并进而引发组织使命漂移（mission drift），尤其是其对相关弱势群体的社会服务使命首当其冲存在被弱化的风险（Dees，1998；Foster & Bradach，2005；Weisbrod，2004）。具体影响路径方面，案例证据表明组织服务收费的商业化转向将使非营利机构逐渐出现选择服务对象的倾向，尤其是原本应该作为非营利组织服务供给核心目标对象的低收入群体因为无力承担服务费用而可能逐步被排除在非营利服务对象之外（Adams & Perlmutter，1991；Bailis et al，2009）。与此同时，相关研究还发现，迫于外部资助方考核压力而形成的非营利机构对工作效率、量化产出及组织规模增长等企业管理主义指标的过分追逐，也会导致非营利组织服务质量的下降及其对大量社会结构性问题关注的偏离（Alexander，1999；Willner，2019）。

其次，非营利市场化转型的另一项潜在功能性影响在于其对非营利组织社会资本（social capital）构建能力的弱化效应。有研究者提出，由于市场化环境下的竞争、效率原则与非营利领域的合作、参与精神存在着根本性的冲突（Bush，1992），因而过度商业化将会弱化非营利组织的社区动员能力从而降低其社会资本构建功能（Backman & Smith，2000）。大量经验证据也表明上述担忧并非毫无根据。比如，以社区发展及服务组织为考察对象的多项案例研究指出，无论是机构职业化过程还是以绩效评估为核心的企业量化考核技术植入，都将导致社区组织工作开展过程中公众社区参与的降低，并弱化社区非营利组织之间的横向网络连接（Alexander et al，1999；Keevers et al，2012；Geoghegan & Powell，2006）。与此同时，大量以草根志愿组织为对象的经验考察也发现，多种企业化管理技术的引入可能使志愿服务机构逐渐走向决策集权和组织官僚化，进而不同程度地导致社会志愿者群体对志愿组织内在认同度的降低（Kelley et al，2005；Kreutzer & Jager，2011；Hvenmark，2013）。

此外，研究者认为非营利组织的公共倡导功能也可能在其市场化转型过程中存在被弱化的风险（Alexander，1999；Hasenfeld & Garrow，2012）。与社会服务使命的偏离类似，非营利市场化转型导致非营利机构将大量时间和精力放在组织工作绩效与量化产出的追求上，而不能为非营利组织带来收入增长的社会倡导功能则逐渐被边缘化（Eikenberry & Kluver，2004）。一项以草根志愿组织为考察对象的个案研究发现，非营利机构的正式化和管理化过程除了带来组织决策封闭后果，同时造成了机构倡导价值的迷失（Kelley et al，2005）。另一项行业性访谈调研也表明，新自由主义意识形态指导下非营利市场化转型导致非营利组织的过度职业化、公共性丧失并进而弱化其社会倡导功能（Evans et al，2005）。

不过，如同研究者有关非营利市场化组织资源效应的多种争论，针对上述非营利转型社会功能影响的大量批评，也有另一些学者提出不同意见。比如，有研究指出"基于商业化转型的组织收入来源多元化战略"有助于减少非营利机构对外部政府购买服务及慈善捐赠资源的过度依赖，通过保持组织独立性进而帮助其提高实现自身目标使命的能力（Froelich，1999）。与此类似，有学者通过引入开放系统理论（Open-System Theory）对非营利部门商业化趋势进行考察检视，认为其事实上是传统非营利组织面对外部资源环境变迁而做出的适应性策略调整，因此商业化能够对非营利组织的使命实践形成有效支持（Moeller & Valentinov，2012）。规范性讨论以外，一些经验研究也表明不涉及向服务对象收费的机构周边产品销售及附属资产出租等商业创收策略并不会对非营利组织使命造成破坏性影响（Young，1998），也不会侵蚀其组织的志愿性基础（Enjolras，2002）。一项基于英国慈善机构调查数据的实证分析甚至发现，非营利组织商业活动及其获得政府购买服务资助的能力能够显著预测其政策影响力（Han，2017）。此外，还有一些研究则进一步揭示出非营利多维转型过程潜在社会功能效应的复杂性，认为其受到组织内部权力结构（Reisman，2018）、非营利组织所处的具体功能领域（Brainard & Siplon，2004）及其嵌入制度场域（Hersberger-Langloh et al，2020）等情境性因素影响。比如，有学者从体制转轨角度出发，提出商业化与市场化过程事实上有助于诸如东欧等转型国家非营利部门逐步建立起相对于国家的独立性和自主性，因而应鼓励非营利部门的市场化转型（Vacekova et al，2017；Yu & Chen，2018）。毫无疑问，通过引入体制转轨和制度情境等分析视角，新近的研究进一步丰富了学术界有关非营利市场化转型效应的讨论。

四、研究评述与问题反思

综合以上文献梳理，既有研究围绕全球非营利部门不同维度、不同层次市场化转型的多角度探讨已经取得丰富成果。其中，在具体经验现象及研究议题的切入关注上，从组织结构与行为到部门话语及思维，从非营利市场化的动力机制考察到非营利转型的多维影响探讨，相关研究总体呈现越来越多元化态势。此外，在研究方法及考察策略方面，也从早期以规范性讨论为主逐渐转向通过收集经验证据对相关问题展开实证检验，从而推动学术界有关非营利市场化转型议题的理解不断深入。不过，在不断取得突破和进展的同时，既有文献存在的一个明显问题是在研究开展的社会情境上总体呈现出以西方发达国家（尤其是美国与西欧国家）为主导的局面。而由此带来的结果是，相关研究针对不同国家和地区间差异化社会制度背景下非营利市场化转型发生的具体动力及其多元影响缺乏比较性关注。犹如 Vacekova 等（2017）以捷克非营利部门发展为对象的案例考察揭示出原东欧社会主义国家体制转轨背景下其非营利部门商业化转型效应的独特性，新近的研究开始逐渐注意到非营利多维转型现实社会影响的场域复杂性（Wang, 2020）。但是，目前学术界针对相关议题的探讨分析还远远不够。从这个意义上讲，中国非营利市场化议题研究的积极推动和开展将进一步丰富学术界有关非营利市场化转型问题的经验考察。

然而，从既有文献梳理来看，相较于海外学者开展的大量研究探讨，国内针对非营利市场化议题的研究关注明显不足，尤其是基于经验资料的实证考察与分析极其匮乏。少有的几项经验研究要么主要聚焦国内社会组织市场化转型的行动策略考察（罗文恩等，2010；卢玮静等，2017；王诗宗等，2019），要么核心关注社会组织理性化/企业化背后的动力机制探讨（宋程成，2017b，2019），而针对市场化趋势可能给我国非营利部门整体发展带来的潜在影响缺乏有效评估。此外，对于中国非营利组织市场化议题的考察分析而言，一个更为复杂的现实情况是：市场化导向的官办社会组织去行政化改革与大量民间背景非营利机构的市场化发展可能呈现出截然不同的转型路径和运行逻辑，相应地这也使得有关非营利部门市场化转型现象的场域探讨进一步复杂化。比如，在一项基于二手资料的中美非营利市场化效应比较研究中，两位国内学者依循体制转轨的分析路径，得出市场化将为我国非营利部门发展带来更大自主性、更高透明度和更好公信力的结论（Yu & Chen, 2018）。当然，笔者无意于否定去行政化改革对我国官办社会组织转型的重要意义，但需要注意的是市场化趋势可能给大量纯民间背景非营利组织发展带来怎样的潜在影响？尤其是当市场化思维逐渐在行业内成为主导性话语时其对整体非营利部分的发展又意味着什么？

基于上述问题反思，本研究选择以民间背景社会组织为考察关注对象，核心聚焦市场化机制对我国民间非营利机构发展可能造成的潜在影响，以中国情境下的实证考察进一步丰富学术界有关非营利市场化转型问题的经验探讨，并对既有非营利市场化效应分析的体制转轨视角形成补充。

第三章 研究方法与资料收集

对于任何社会科学研究者而言,数据资料的有效收集总是研究开展过程中最充满挑战性的环节之一。如果说能否提出一个好的研究问题很大程度上依赖于研究者自身的理论积累与现实洞察力,那么为了回答相关研究问题而进行的资料收集工作则更加考验研究者的实际方法操作和社会参与能力。尤其是对致力于以定性研究方法开展研究工作的社会研究者而言,这种能力很多时候可能直接体现为其与他人互动相处、迅速建立起信任关系的人际交往"技能"。因此,定性研究方法事实上对研究者提出了若干特质性要求。如果研究者本身不是性格相对外向、愿意并且善于与陌生人打交道的话,那么定性研究操作则注定会是一个充满挑战与纠结的过程。本书的正式田野调研开始于2016年5月,并持续到2017年3月。在潜心投入实地田野调研工作的将近十个月左右时间内,笔者就曾无数次陷入类似的挣扎与彷徨之中。有时是因为连续数天田野调研毫无进展而产生的无限焦虑和恐慌,有时是在遭遇约访对象"悄然"拒绝后的自我否定和怀疑,甚至有时是因为一次不太顺畅的面访而带来的强烈挫败感。

值得庆幸的是,在正式开始实地调研以前,笔者在自己选定的本土基金会资助实践这一研究议题上已经有了一定的积累。在2014年前往香港入读博士课程之前,笔者曾在中山大学中国公益慈善研究院工作两年多时间，其间参与的研究项目与课题也主要围绕国内社会组织发展及公益慈善等议题展开，尤其是曾在 2012 年实际负责执行由研究院承接的"第四届中国非公募基金会发展论坛"年度委托研究课题，该项课题研究很重要的一部分内容就是从基金会资金有效管理和使用角度考察国内外基金会的非营利组织资助项目运作机制。① 因此，可以说在博士论文研究正式田野调研工作开始之初，笔者并没有遇到"如何进入田野"（"Getting in"）（Berg，2001：136）的第一道障碍，相比于其他选择一个完全陌生研究领域的研究者，笔者的田野进入过程显然是要顺利得多。

另外需要指出的是，从 2016 年 5 月至 2017 年 3 月持续近十个月的正式田野调研并不是本研究田野工作的全部。正如前述，笔者针对国内基金会社会组织资助实践的关注开始于 2012 年的课题研究经历，在该课题研究基础上形成的对相关议题的研究兴趣让笔者在接下来几年时间内始终保持着对领域内有关发展动向的持续跟踪、观察和纪录，包括实地参加了大量与本人研究兴趣相关的基金会行业性活动，也正是基于这样的长期积累促使笔者在后期博士论文选题过程中选择了本土资助型基金会发展及其实践影响这一研究议题。

以下笔者将就本研究数据资料收集的具体过程和方法应用进行介绍。尽管有前期相关研究积累，但其毕竟不是经过系统设计的资料收集过程，下面的研究方法介绍将主要集中在笔者从 2016 年 5 月到 2017 年 3 月期间开展的正式田野调研。经历长达将近十个月的田野浸润，笔者对于田野研究方法有了一些更深的体会，同时也更加深刻理解对于定性研究方法的大多数操作技术而言，"实践才是最好的老师"（Berg，2001）。田野调研的实践过程其实也是一个不断积累经验的过程，在总

---

① 本书导论部分开头所引用的那位民间公益机构负责人在第四届中国非公募基金会发展论坛上的发言即是笔者在现场进行课题研究报告发布、参与会议讨论过程中听到并记录下来的。

结成功与失败经验基础上不断将田野工作向前推进。笔者希望以下研究方法与资料收集过程的介绍同时也是对自己的相关田野经验的分享。

一、田野地点的选择

在正式开始田野调研之前,研究者通常面临的第一个难题是关于田野地点的选择,尤其如果研究本身是针对非特定案例的领域性、行业性研究,田野地点的典型性和代表性往往是研究者需要给予特别考虑和关注的问题。本研究的实地田野调研工作主要集中在北京和广东(严格意义上讲主要是广东珠三角地区)两个省市开展,其中北京地区的田野调研集中在2016年5月至8月暑期进行,广东地区的实地调研则主要在2016年下半年和2017年初展开。

之所以选择北京与广东珠三角两个区域作为田野调查的核心地点,是笔者基于主客观各方面因素综合考虑做出的决定。首先,田野地点的典型性上,从研究对象的地域分布来看,我国公益基金会登记注册最为集中的区域主要集中在东部沿海地区,其中尤其是广东和北京的基金会注册数量分别位列全国第一和第二位(如图3.1所示)。与基金会整体注册分布情况相对应,国内资助型基金会地域分布也主要集中在几个东部沿海省市。根据由几家本土民间公益机构联合发起的"中国基金会评价榜"① 最新调查数据显示,国内有针对一线非营利组织相关资助业务

---

① "中国基金会评价榜"是最初由北京五家民间公益机构联合发起的旨在倡导建立本土基金会与民间公益组织之间良性资助关系、促进基金会提升支持民间公益机构的积极性及其资助行动有效性的行业平台项目,该项目采用问卷调查方式,通过向大量一线非营利机构进行调查询问,以对曾经资助过他们的相关基金会进行评价并加以排名。自2013年启动发布以来,中国基金会评价榜已分别在2013年、2015年、2018年及2020年举办四届,成为国内草根公益机构对基金会进行集体发声的重要平台。有关评价榜的详细介绍,可参见:https://baijiahao.baidu.com/s?id=1666800981480093870&wfr=spider&for=pc。

的公益基金会分布相对比较集中的省市分别是北京、广东和上海,其他还有若干则零散于江苏、浙江、福建及安徽等地(如图3.2所示)。由此,从地理区域的代表性和典型性上看,北京和广东两地可以说是比较理想的田野调查地点。另外,客观条件方面,由于笔者在香港中文大学社会学系攻读博士学位期间学校要求学期内必须留在香港承担学系分配的部分助教工作,只有假期的时间可以开展调研,笔者希望将2016年暑期全部投入到北京地区的田野工作中,上海及其周边地区的调研就没有更多的时间开展。而广东珠三角地区的便利性则在于地理位置上与香港临近,即使学期中需要在学校承担助教工作,笔者仍然可以每周完成学校工作后返回内地进行调研,同时笔者曾在广州中山大学工作的经历也进一步为珠三角地区田野工作的开展增加了便利性。

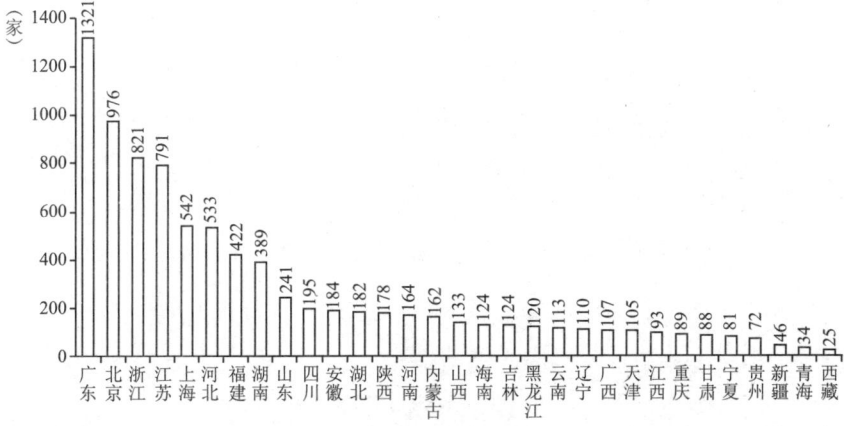

图3.1 截至2020年底全国各省市公益基金会注册数量地域分布情况①

除了在北京和广东进行的实地调研,为了尽量弥补田野地点选择上的缺陷,笔者也尝试通过其他途径尽可能拓展田野调研的地理边界。比如,在访谈对象的选取方面,笔者利用受访者到广东甚至香港参加会议

---

① 数据来源:程刚、王璐、霍达:《2020年中国基金会发展报告》,见杨团、朱健刚主编:《中国慈善发展报告(2021)》,北京:社会科学文献出版社2021年版,第78—98页。

或者行业培训等活动的机会进行访谈预约，通过这种方式与三位"外地"（指北京和广东以外）受访者实现了面对面交流访谈。另外，借助社交媒体工具，笔者也以微信电话会议的形式与五位受访者进行了网络访谈。所有五位外地受访者中，有两位是分别来自浙江和福建的基金会代表，另外三位则是分别来自四川、贵州和陕西的民间公益组织负责人。

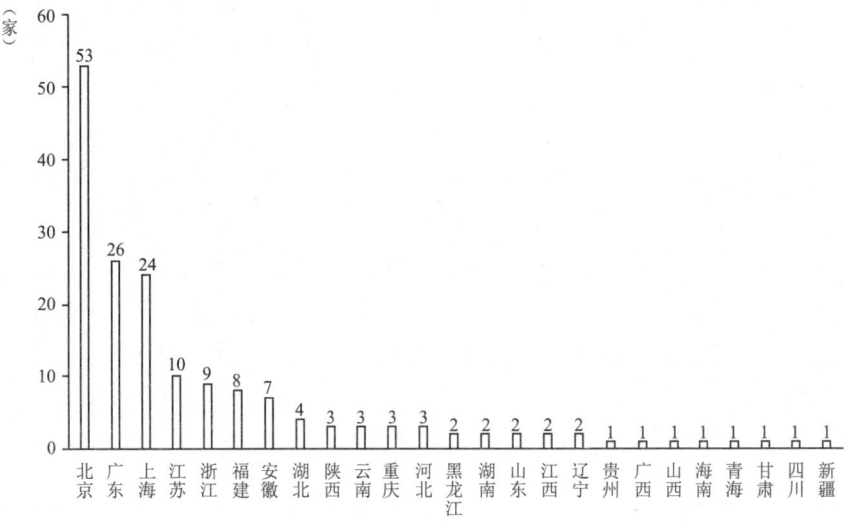

图 3.2 有针对一线非营利组织资助业务开展的本土基金会地域分布概况①

二、半结构访谈

在定性研究方法所有研究资料收集技术中，半结构访谈法无疑是最

---

① 数据来源：第四届中国基金会评价榜（2020）。根据评价榜报告显示，所有接受调研访谈的 425 家民间非营利组织总共对 171 家本土基金会的资助实践进行了反馈评价。需要指出的是，由于调研本身的局限，项目报告并没有将所有本土资助型基金会纳入其中，相关数据也只能对国内资助型基金会的整体分布状况形成概貌式描述。详情可参见：http：//www.cforum.org.cn/Uploads/file/20201214/5fd7538f16a63.pdf。

被研究者广泛使用的一种,笔者的田野调研当然也是从访谈开始。

(一) 受访者基本情况描述

具体而言,笔者的田野访谈主要针对三类目标人群展开。首先,作为本研究的核心考察对象,基金会相关人员自然是笔者田野调研访谈的首要目标人群。根据受访对象在基金会内部具体角色与工作岗位的不同,又具体涉及基金会理事会成员(包括理事长和普通理事成员)、秘书处有关负责人(可能是秘书长或副秘书长)和项目相关人员(包括项目主管和普通项目官员,不同的机构具体称谓可能有所不同)等三类。

其次,基于本书的核心观察视角是中国本土基金会资助对形塑国内民间公益组织发展的潜在功能和影响,因此民间公益机构代表也自然成为本研究田野访谈的另一个重要对象人群。在民间公益组织相关受访人员中,大部分是机构的创始人和发起人,另外一部分为机构现任负责人(一些组织可能出现机构创始人离开,现任负责人并非最初创始人的情况)或项目主管。

此外,在田野调研中,笔者也积极尝试向相关领域的行业观察者和研究者进行交流请教。这些观察者和研究者对中国公益基金会行业及整体非营利领域有着深度的介入和参与,同时进行着不同类型的研究工作。他们有的是高校的在校学者,有的则是行业性咨询与研究机构的负责人,向他们请教往往能够收获他处无法获得的洞见。

在持续将近十个月的田野调研中,笔者总共与46位受访者进行了有效的交流访谈,其中基金会相关人员23人,民间公益组织相关负责人20人,行业观察与研究者3人(有关46位受访者的详细信息介绍,详见本书附录一)。所有上述访问均采用半结构式访谈的方式展开,在与受访者进行交流访谈之前,笔者事先围绕研究问题并针对受访者的不同机构背景及其在机构内部职责身份的不同准备好一份访谈大纲,在访谈大纲的基础上同时保证访谈过程的适度开放性。所有访谈中,大部为与受访者的面对面交流访问，另有五个访谈则因为时间和地理位置原因采用网络电话会议的形式完成。与每位受访者的交流时间平均大约持续一个小时，有的访问交流长达两个小时以上，个别访问只进行了半小时左右。根据实际交流情况的必要性及连续约访的可能性，部分受访者前后接受了两次访问，其他大部分访谈则只进行了一次。

（二）有关访谈对象选择的几点思考

田野调研过程中，找到合适的受访对象并通过有效的交流访问获得研究者希望了解的信息并不是一件轻松的事情。一个现实情况是，当前社会上各种各样的调查研究项目越来越多，包括政府部门组织实施的社会调查、行业咨询与研究机构进行的社会调研、高校研究院所开展的课题研究，等等。至少在非营利与公益慈善领域，笔者发现很多组织（尤其是一些行业知名度较高的机构）频繁地收到不同类型的拜访要求，接受各种调研访问对于一些机构而言甚至逐渐成为它们的负担，直接影响到其日常工作的开展。如果说接受政府部门或其他行业及高校研究机构的调研能够给这些组织带来一定的回报（比如，可能是政府关系方面的收获，或者通过在相关研究机构所撰写的研究报告中出现署名从而获得行业影响力上的提升），那么在校博士研究生的学位论文研究对于受访对象的价值似乎就不那么明显了，这种情况下学位论文的调研访谈可能是最容易被拒绝的。

此外，即使单单是学生的学位论文调研也存在着对受访对象的"过度消费"现象，表现在同一家机构可能在很短的时间内连续接到好几个来自不同地区、不同高校博士生的调研访问请求。在进行田野调研期间，笔者就曾先后遇到过来自中国香港、英国和美国三所不同高校的博士研究生，他们的论文研究题目都是关于中国社会组织发展议题，来自英国和美国的两位博士生甚至同时在做有关中国环境保护公益机构发展议题的研究。虽然我们各自的观察视角和研究切入点可能有所不同，但是笔者相信在田野调研过程中肯定会出现大量受访对象重叠。比如，两位关注中国环保社会组织发展议题的博士生，据笔者所知他们都曾分别在北京、上海、广东和云南等地驻点开展田野调研工作（因为这几个地方正是中国环保组织发展最集中的地区），可以想象他们的访谈对象存在多大程度上的重合。总之，笔者认为目前在校博士生的学位论文调研在受访对象的获取上面临着越来越多的挑战。①

在访谈对象的选择问题上，笔者以为需要重点考虑两个关键的环节：一个是研究者是否能够顺利找到有效的受访者，另一个是研究者是否能够获得受访者的信任从而与其进行顺畅和有效的交流访问。在第一个环节上，通过中间人介绍往往是一个直接而高效的解决办法。如果能够找到一位关键的中间介绍人，或许就能在短时间内接触到多个潜在受访者，从而大大推动田野调研的进展和效率。但是，笔者认为通过中间人介绍潜在受访对象的方法同样存在着诸多方面的局限。首先，关键介绍人本身通常可遇而不可求，并不是所有中间介绍人都能帮助研究者进行有效的受访者推荐联络。其次，通过中间人介绍的预约访谈很多时候拒访率仍然会比较高。笔者就曾多次经历通过中间人介绍潜在受访者但最终又被访谈对象委婉拒绝的情况，也有作为中间人帮助其他年轻研究者介绍潜在受访对象最后访谈失败的经历。此外，更为关键的是研究者很难与单纯通过中间人介绍的受访对象在短时间内建立起充分的信任关

---

① 这方面笔者的导师 Anthony Spires 教授值得所有年轻的田野研究者学习。他在自己 2007 年完成的有关中国草根公益组织发展的博士论文研究中成功访谈了 150 多位受访者（当然，笔者在此并不是说所有学位论文访谈人数都应该是越多越好），其扎实的田野工作一方面是基于长时段的田野投入（Spires 教授从 2005 年初至 2006 年在中国进行了长达近两年的田野调研），更重要的是建立在其卓越的田野调研"技能"之上（他是笔者遇到过的普通话说得比很多中国人都好并且能够短时间内在完全中国人的活动场合与他人"打成一片"的唯一一位纯美国学者）。当然，笔者也经常与 Spires 教授开玩笑说，十几年前他在自己的博士论文田野调研中其实或多或少沾了一些"老外"身份的光，他对这一点也表示赞同，甚至在博士论文中他也提到自己的受访对象非常愿意与他那样一位外国人进行交流的情况。

系，从而为有效的访谈交流打下坚实的基础（可见，访谈对象选择过程的第一个环节与第二个环节其实是直接相连的）。我想这也是为什么很多优秀的田野研究者通常会尝试安排与受访者进行二次访谈的原因，一般第一次见面更多的是与受访者建立起联络关系并进行初步的访谈，然后再通过第二次访谈进行更详细深入的交流。但是，如果仅仅是通过中间人介绍获得的受访者，二次访谈法在大多数研究者的田野调研中到底有多大的现实可操作性，笔者对此表示疑问，毕竟很多受访者可能只是因为碍于中间介绍人的面子而勉强接受研究者的访问邀请（当然也不排除经过第一次见面访谈交流后受访者与研究者成为朋友的情况），通常不太可能投入太多时间和精力与研究者进行多次访谈。

　　坦率地讲，笔者在自己的田野调研过程中遇到的最大挑战也正是有效受访者的获得问题，有时甚至因为长时间找不到合适的访谈对象而焦虑不已。那么，笔者又是如何顺利与 46 位受访者建立起访谈关系的呢？首先，前文提到笔者在前往香港攻读博士课程前曾在中山大学中国公益慈善研究院工作过一段时间，不得不承认这段工作经历对本人田野调研工作的开展起到了一定的帮助。这种帮助首先体现在身份认同上，在向潜在的受访对象进行自我介绍时，笔者一般都会提到自己曾经的这段工作经历。因为中山大学中国公益慈善研究院在国内公益慈善与非营利研究领域有着相当的知名度，这样笔者在与潜在受访者的交流互动过程中事实上就自动获得了公益行业"圈内人"的身份，从而迅速拉近了彼此之间的心理距离。上述工作经历（尤其是 2012 年第四届中国非公募基金会发展论坛年度委托课题的项目研究经历）对笔者田野调研工作开展起到的另一个重要帮助是使笔者对国内资助型基金会领域的相关情况提前有了一定的掌握和了解，包括该领域发生的重要节点性事件、领域内重要的行业服务性平台、国内代表性的资助型基金会以及这些基金会比较核心的资助项目等，这样就大大缩减了笔者在田野调研中对潜在受访对象进行搜索聚焦的过程。

但是，以上这段工作经历对于笔者田野调研推进开展的帮助也不能过分夸大，毕竟笔者与大部分访谈对象之间事实上仍是一种"你认识人家，人家不认识你"的状态。为了与潜在受访者建立起良好的访谈关系，笔者的方法是将访谈过程中的第二个环节提至第一环节之前，即在前期充分交流互动的基础上先与潜在受访对象建立起一定的信任关系，当研究者与潜在受访者经过前期各种形式的互动交流成为彼此熟悉的"朋友"之后，预约访谈自然就变成相对容易实现的事情。因此，可以说"先交朋友、再做访谈"是笔者在长期田野调研中逐渐找到的一条相对有效的工作策略。①

实现"交朋友"的过程也可以通过多种途径。比如，作为一名忠实的篮球运动爱好者，笔者通过参加广州地区几家民间公益机构负责人自发组织的篮球友谊赛得以认识并结交了一批爱好打篮球的公益圈内朋友，他们中的好几位后来就成了我的访谈对象。此外，社交媒体的发展也为笔者通过网络进行与潜在受访者的前期交流互动提供了新的可能性。微信在笔者的田野调研中发挥了重要作用。一方面，通过微信平台笔者得以对国内公益慈善领域的相关行业信息实现及时了解和掌握；另一方面，微信也成为笔者与潜在受访对象完成"交朋友"过程的一个重要媒体工具。其中，微信工具的"朋友圈"评论功能为笔者提供了一个极佳的提前与潜在受访者进行互动交流的平台，而该互动平台的"朋友"标签也在无形中增加了双方"成为朋友"的象征性意涵。

除了线上的社交媒体交友与线下基于共同兴趣爱好的社会活动交友，另一种与潜在受访对象建立起真正朋友关系的方式是利用研究者自身的专业所长，在日常工作中为受访者及其所在机构提供力所能及的支

---

① 需要强调的是，笔者提出的"交朋友"不应该仅仅是为了"做访谈"而进行的纯粹"工具性活动"。前文中笔者曾提到，相较于由政府和行业研究机构等其他社会主体开展的调查研究而言，在校博士生的学位论文田野调研对于访谈对象的价值可能是最低的，那么作为研究者的我们能够回报给受访者的可能就只有一段最最真诚的友情了。

持和帮助。类似于其他社会主体开展的调研能给受访者带来的实际效用，或许这种日常工作中的帮助与支持可以算是在校博士生研究者能够为受访对象提供的一种现实回报吧。笔者在北京进行田野调研期间，就曾接受多个公益机构邀请去做相关研究成果的分享，公益实务界的同仁认为通过这种交流学习能够帮助机构同事们开拓工作视野，笔者则根据听众背景的不同精心准备分享内容。

综合上述多种方式，笔者实现了与大部分受访者建立在充分信任关系基础上的深入交流访谈。相较于基于完全陌生人关系的田野访谈调研，笔者认为这种建立在充分信任关系基础上的访谈交流过程在信效度上更优。① 与此同时，通过与受访对象建立类似朋友之间的信任关系，事实上也为整个田野调研过程开展提供了更多的可能性。

（三）有关受访对象信息保护问题

定性田野研究中，一个需要研究者给予特别重视的问题是有关受访对象的信息保护问题。对于本书所关注的领域及考察的议题而言，笔者意识到在受访者信息保护问题上更加需要格外的小心和谨慎。一方面，本书涉及本土资助型基金会与民间公益组织之间的互动关系议题，而这一互动关系本身在行业内部具有相当的敏感性，尤其是对于大量依赖于基金会资金支持的民间公益组织，没有太多的机构愿意对相关话题以完全公开身份发表意见。另一方面，从目前国内资助型基金会的数量及其地域分布情况来看，基金会资助领域仍然只是一个范围相对较小的圈子，很多相关的组织行动者之间可能都相互认识和了解，这种情况下如

---

① 当然，在这一点上仍然存在着一定的争论。笔者的博士论文指导老师 Spires 教授就向笔者提醒到，"陌生人"之间的访谈关系给受访对象带来的潜在负面影响通常可能也是最弱的，这时的受访者反而可能更容易向研究者"敞开心扉"进行交流，即所谓的"火车路人"效应。具体何种形式的访谈能够帮助研究者获得更接近真实的访谈资料，同样依赖于研究者在实地田野调研开展过程中进行有效的自我判断。

何做到对受访者的信息保护更是颇具挑战。

在受访者有关信息的呈现方面，笔者主要采取两个保护措施。第一，尽量使受访机构的组织所在地信息去精确化。除了北京地区的受访机构外，其他省市的受访者组织均采用以省为单位的呈现形式，而不具体到哪个市。因为有些地市的公益组织数量本身有限，如果呈现地市信息将会增加受访机构被识别的可能性。第二，在本书后续行文写作过程中，笔者将对所有可能使用到的受访组织名称进行匿名化处理，甚至在有些时候直接省去组织名称信息。对于受访机构的工作领域信息，如果笔者认为呈现该组织的工作领域可能增加其识别度，那么也将直接省去其工作领域信息。不过，本研究的信息保护措施主要针对的是在田野调研期间接受笔者实地访谈的非营利机构对象。鉴于网络二手资料及相关案例组织信息搜索获得的开放性，对于部分通过参与式观察及网络信息收集获得的研究资料笔者不再做特别的匿名化处理。

三、参与式观察

除了访谈法以外，另一项被研究者经常使用的定性资料收集方法是参与式观察法（participant observation）。相较于案例访谈，参与式观察能够为研究者提供发生在自然场景中的、未经过加工修饰的研究资料，这种资料对于回答某些特定的研究问题往往至关重要。笔者在田野调研中也进行了大量的参与式观察操作。具体而言，笔者的参与观察包括以下几种形式。

首先，在北京和广东珠三角地区田野调研工作开展期间，笔者现场参加了十几场相关的行业性活动，这些活动包括正式的基金会行业会议、非正式沙龙、开放性的论坛、行业内的培训以及有关工作坊，等等。这些活动大部分都跟笔者关注的公益基金会发展研究议题相关，有些甚至直接涉及的就是基金会资助话题。在现场参加这些活动的过程中，笔者除了作为观察者对活动参与者的有关互动和交流进行针对性的观察、记录外，同时也作为参与者积极参与到活动现场的讨论当中。不过，笔者的参与主要以发问为主，很少直接对有关议题发表看法（除非是在被其他活动参加者提问的情况下才做一些针对性的回应），以此尽量减少对活动现场讨论的干扰和影响。

其次，笔者也曾在田野调研期间受邀参加了多个组织的机构内部活动，具体分别是一家基金会的内部筹款议题培训、另一家基金会的内部工作讨论会，还有一家基金会的资助项目年会以及一家草根公益机构的年度工作总结与战略规划会议。事实上，能够受邀参加这些组织的上述机构内部活动，就表明这些组织的相关部门负责人对于笔者作为外部研究者身份的信任，这也正是笔者认为通过"交朋友"的方式开展田野调研能够带来的积极效应之一。在针对这些机构内部相关活动进行参与式观察过程中，笔者分别以单纯的观察者、讨论的参与者以及机构顾问等多种不同的身份出现，但对于笔者自身而言唯一不变的是自己作为独立研究者的角色。

此外，笔者还在田野调研中尝试运用网络民族志（Netnography）（Kozinets，2010）的方法进行一定的研究资料收集工作，其中笔者所使用的"网络"工具主要是微信。随着微信这一社交媒体工具在最近十年间的迅速普及使用，其已成为中国人日常工作和生活中最重要的信息获取及社会活动参与途径之一，尤其是其中的"微信群组"功能使得大量针对特点社会议题的讨论得以在线进行，而这一现实发展也使得"微信民族志"（罗士泂，2016；刘忠魏，2017；唐魁玉、邵力，2017）方法逐渐进入研究者们的视野。笔者在田野调研期间大量使用微信进行行业信息资料的收集整理和与受访者联络，同时自然也身处多个公益慈善领域的微信讨论群组当中，不同的群组内经常围绕公益行业有关热点话题进行热烈的讨论，研究者的"职业病"促使笔者在出现与自己研究议题相关的话题讨论时也积极参与到群组的讨论、发问、观察以及记录之中。

四、二手资料收集

除了半结构访谈和参与式观察两种"介入性"资料收集方法,笔者在推进博士论文研究过程中很大程度上也依赖使用另一种"非介入性"方法,即对大量二手资料(second-hand data)进行收集和整理。具体来说,针对不同研究目标的需要,笔者所收集的二手数据资料主要包括以下几大类。

第一,相关机构的年报资料与对外公告等,这些资料一般通过登入机构的官方网站即可获得,其中机构年报资料呈现的是特定机构在每一年度的工作总结情况,这类资料对笔者针对个别机构开展的案例研究工作而言往往至关重要。

第二,笔者收集了大量基金会领域有关的行业会议记录及报告资料。在这一点上,笔者再次深切体会到互联网发展给研究者资料收集工作带来的极大便利性。由于调研时间与经费等方面的限制,很多时候笔者无法去现场参加一些行业内的重要会议和论坛等活动,但是一般这些活动都会有现场会议速记,如果活动本身是开放性的,那么这些速记资料往往会上传到相应的活动网站或者活动发起机构的官方微信公众号上,笔者则只需要通过搜索下载有关的会议活动速记就能够获得这些活动现场讨论的详细资料。

第三,笔者还通过网络收集整理了大量新闻媒体报道和行业二手研究资料。其中,新闻媒体资料包括大量对相关领域内年度重要热点事件的报道、评价、人物的专访等,这些资料的可回溯性对于笔者追溯理清相关领域的发展脉络具有重要的参考价值。行业二手研究资料则指由一些行业性的研究与咨询机构在其项目工作中产出的相关行业调研资料,包括案例访谈、行业调研数据及项目研究报告等,这些资料有些可以为笔者的研究提供相应的分析素材。在使用这些二手数据资料时,笔者按照学术规范严格注明资料来源与出处。

第四章　本土资助型基金会社群何以兴起：组织场域视角

本章开始正式进入针对我国资助型基金会兴起发展及其实践影响的实证考察。正如导论部分有关我国基金会整体数量增长趋势数据所呈现，中国现代公益基金会发展肇始于改革开放初期的 1981 年，尤其是自 2004 年《基金会管理条例》颁布实施后，国内公益基金会行业才真正进入全面高速增长的快车道。然而，以支持其他民间非营利组织开展工作为导向的资助型基金会却并未在我国基金会行业前二十多年的发展进程中出现，而是直到经历了 2008 年汶川地震救灾洗礼后，基金会与民间非营利组织合作才逐渐成为行业内部各方着力倡导和推动的一个重要发展方向。此后，尤其是随着国内草根机构境外资源困境的日益显现，本土资助型基金会发展的重要性愈发凸显，资助型基金会数量开始实现稳步增长，并逐渐形成一个相对稳定的资助型基金会组织社群。基于这样的现实发展历程，本书尝试考察探讨的第一个经验问题是：资助型基金会组织群体何以在我国公益基金会行业内部出现？本土资助型基金会社群兴起需要怎样的内外部条件？对相关问题的探索回答将有助于我们了解国内资助型基金会兴起的独特历史背景及其发展路径，并进而帮助我们形成有关资助型基金会社群内部市场化逻辑何以嵌入的基础性理解。

本章关于国内资助型基金会组织群体出现形成过程的考察将同时涉及两方面内容：一是资助型基金会兴起发展的外部动因问题，二是资助型基金会组织社群得以建构形成的群体内部动力。在外部动因方面，笔者将从介绍早期中国基金会领域的封闭式运行体系入手，探讨推动资助型基金会发展何以成为中国公益基金会行业的特有问题，以及为打破这种封闭式组织运行体系需要怎样的行业发展环境？在此基础上，笔者尝试把资助型基金会社群在我国公益基金会行业内部的形成过程看作一种典型的组织发展现象，通过借用组织社会学研究中的一个重要分析性概念工具——"组织场域"（Organizational Field），对我国资助型基金会组织场域形成建构的内在动力过程加以考察分析。

一、发展资助型基金会：必要与前提

根据具体工作开展方式的不同，国际上通常将公益基金会区分为运作型基金会（operating foundation）和资助型基金会（grant-making foundation）两种核心类型。[①] 一般而言，自我运作型基金会指主要由基金会自己的工作团队运作项目以实现其组织目标和使命的公益基金会。目前，国际上比较知名的老牌运作型基金会包括塞奇基金会（Sage Foundation）、卡耐基国际和平基金会（Carnegie Endowment for International Peace）、查尔斯·凯特琳基金会（Charles Kettering Foundation）等。而资助型基金会指以资助和支持其他非营利组织或个人开展工作作为其机构主要运行方式的基金会，全球范围内最著名的资助型基金会当属洛克菲勒基金会（Rockefeller Foundation）和索罗斯开放社会基金（Open So-

---

[①] 例如，美国税法对基金会作出了资助型和运作型的明确归类，并给予运作型基金会更优惠的税收待遇（徐宇珊，2010：25；资中筠，2006：165）。当然，除了这两种主导类型外，另外还有一些兼具两种工作方式的混合型（mixed）基金会。

ciety Fund）等几大公益基金会。

从不同基金会类型在世界各国基金会部门所占比例来看，资助型基金会占据了绝对主导地位。比如，根据美国基金会中心网数据统计，在2014年全美86000多家公益基金会中，运作型基金会只占其全部基金会总数的不到4%，其他大部分为资助型基金会。[1] 在英国，也只有8%的基金会采取自主运作项目的形式开展工作。[2] 即使是在不同法律框架下将博物馆、部分医疗机构及民间研究智库等自我运营组织纳入基金会范畴进行管理的德国，其资助型基金会也占据了61%的绝大部分比例，只有19%为运作型，另外20%则为混合型基金会。[3] 因此，以资助其他非营利组织为主要运行方式是世界各国公益基金会发展过程中自然演化和选择的结果，作为一种以财产集合为核心特征的组织类型，向其他非营利组织提供资金支持构成了基金会的主要机构优势。也正是基于这样的现实发展，国际学术界关于基金会的大量研究也主要从基金会资助实践角度展开（Bartley，2007；Brulle & Jenkins，2005；Delfin & Tang，2008；Spires，2011）。

然而，与国际基金会发展经验不同，资助型基金会并没有随着中国公益基金会领域自二十世纪80年代的兴起而自动出现，而是直到本土基金会行业发展至特定阶段时，倡导和推动资助型基金会发展才逐渐成为行业内部的一个重要议题。由此，倡导资助型基金会发展似乎是一个中国公益基金会领域特有的行业问题，而这一问题的产生则根植于中国整体公益慈善事业发展的历史脉络之中。新中国成立后，公益慈善被戴上帝国主义间谍活动的外衣和封建统治笼络人心的工具两顶帽子而遭到

---

[1] 参见美国基金会中心网，http：//data.foundationcenter.org/#/foundations/all/nationwide/total/list/2014，2017年2月6日登入查看。

[2] 参见欧盟委员会2015年主持开展的"欧洲研究与创新类基金会研究"英国专题报告，http：//euforistudy.eu/wp-content/uploads/2015/07/United-Kingdom.pdf。

[3] 参见欧盟委员会2015年主持开展的"欧洲研究与创新类基金会研究"德国专题报告，http：//euforistudy.eu/wp-content/uploads/2015/07/Germany.pdf。

否定（周秋光，2013），民间慈善组织及其行动被彻底清除，一切社会服务供给均纳入到国家福利体系之中。改革开放政策的实施为我国公益慈善事业的恢复重建提供了契机。以 1981 年中国儿童少年基金会的发起创办为起点①，中国现代公益基金会的发展开始起步，并在二十世纪八十年代末至九十年代初出现了国内基金会发展的第一个黄金时期。②但是，早期中国公益基金会发展并没有走上真正民间化的道路。与国内其他领域社会组织（如行业协会、商会类组织）的早期发展一样，二十世纪八九十年代创办成立的基金会大多有着强烈的官方背景。例如，第一家全国性基金会中国儿童少年基金会隶属于全国妇联，其历任会长均由曾在全国妇联任职的国家领导人担任。而创办于 1987 年的中国人口福利基金会则由原国家计划生育委员会创办主管，其历任会长也均由前国家领导人担任。作为不同政府机关的附属单位，这些基金会的早期工作人员大多享有政府事业编制，其工资、福利也由相应的政府主管部门

---

① 事实上，从组织创办的具体时间来看，在中国儿童少年基金会于 1981 年 7 月 28 日正式注册成立之前，已经有两家地方性妇女儿童领域基金会成立，分别是浙江省妇女儿童基金会（1981 年 4 月 4 日注册）和山东省儿童少年福利基金会（1981 年 5 月 4 日注册）。不过，因为中国儿童少年基金会是第一个国家级基金会及其在后续运作过程中发挥的全国影响力，国内一般以中国儿童少年基金会的创办成立作为我国现代公益基金会发展的起点。

② 1988 年 9 月，国务院颁布我国公益基金会领域第一个规范性文件——《基金会管理办法》，由此开启了二十世纪八十年代末至九十年代初国内第一个基金会发展浪潮。根据基金会中心网数据，我国公益基金会数量从 1987 年的 70 家增加到了 1996 年的 533 家。而美国学者 Estes 对我国早期基金会发展历史的田野考察发现，1989 年以后短短几年时间内有超过一千家组织注册为慈善基金会（Estes, 1998：169）。另一位曾深度参与国内基金会领域发展推动工作的行业领袖人物商玉生统计，1999 年底中国基金会数量达到 1801 家（商玉生，2003）。不过，这一时期成立的基金会大多由政府机关或与政府部门关系密切的事业单位创办，而这种政府部门争相办基金会的冲动也在一定程度上造成了行业发展的混乱，包括一些官办基金会借用手中掌握的行政权力强行摊派募捐，部分公益基金会参与商业公司运营，等等。为了规范和引导公益基金会发展，当时作为基金会行业主要管理部门的中国人民银行在 1995 年 4 月下发《关于进一步加强基金会管理的通知》，对国内基金会行业发展进行全面清理整顿，一大批基金会被撤销。到 2004 年《基金会管理条例》颁布时，全国基金会数量只剩下不到 700 家（参见导论图 1.1，基金会中心网数据）。

负责,而不是来自于基金会自身的捐赠及其他资金收入(Estes,1998:170)。鉴于改革开放初期国内经济社会发展状况,大量官办基金会的设立往往是为了向社会募集慈善资源(尤其是通过向海外华人及国际NGO募捐),用于支持政府部门在社会福利支出上的不足。

早期公益基金会发展的上述政府背景及其所开展工作的社会福利属性塑造了中国基金会独特的组织运行体系。基于官办基金会所募集慈善资源的国家福利性角色,这些资源需要向覆盖范围广泛的社会最基层弱势群体进行分配发放,但是机构人员编制有限的官办基金会本身并不具有执行这种覆盖全国项目工作的能力,这就促使基金会对其所附属政府部门的原有行政体系产生强烈依赖,而政府部门内部上下级之间的行政强制性则构成这一依赖关系的基础。其运作过程一般是先由基金会以慈善组织名义设立若干公益项目,并以此对外进行慈善资源募捐,然后再通过基金会主管政府部门的行政命令,动员其下属的行政组织网络参与到公益项目的具体操作和执行中,由此形成了一个相对封闭的基金会项目运行体系。比如,中国人口福利基金会依靠原国家计划生育委员会覆盖全国的计生系统,中国妇女发展基金会依靠全国妇联系统,中国青少年发展基金会则依靠共青团系统,各大基金会的日常运作深度嵌入到政府行政体系之中。

在一篇发表于 2010 年的研究论文中,深圳市社会科学院学者徐宇珊在其对我国官办基金会传统"散财"方式的考察分析中详细描述了中国人口福利基金会"幸福工程"项目的具体运作机制:

> "该项目的项目执行方主要是各省组委会和各地计生协,前者负责在当地筹款,后者负责项目运作。通常各省组委会只有虚名没有实体,与当地计生协一套人马两块牌子,各地计生协是其具体执行机构。计生协有独特的网络体系,目前全国计生协有 100 多万个基层组织、8000 万名会员,组织网络遍及全国城乡各个街道和村

落,与各家各户保持着密切的联系。而且由于中国的人口政策和计划生育工作采取'一票否决'制,各地计生系统的工作经费、人力资源、办公条件相对较好,因此从基础资源的角度看,地方计生协是一支足以胜任的队伍。对'幸福工程'的项目评估结果显示,依托基层计生协,不仅可以保证扶贫资金很快直接到户,而且可以对资金的安全运作、项目的合理选择和开展进行指导、服务和监督。这些遍及全国城乡的组织体系作为基金会公益项目的实施机构,协助基金会完成公益项目,实现了组织的公益宗旨。依靠基金会本部的十几个人,动员几十万甚至上百万人参与到基金会公益项目的执行之中,也成为中国基金会'散财'中的一个创举(徐宇珊,2010:27-28)。"

这种基金会通过将募集到的慈善资源拨付给与其主管政府部门相关的行政组织网络进行项目运作的体系,表面上看是一种"资助型"的基金会运行模式,但是本质上其形成的是一个完全对外封闭的系统。在这一封闭系统内,基金会并不具备对具体项目执行方的主动选择权。相反,基金会主管政府部门的行政网络单位具有基金会公益项目的天然垄断执行权,而体制外的其他民间非营利组织则很难进入基金会的项目执行体系。对于这种基金会运行体系的封闭性和垄断性,徐宇珊分析评论道:

"理论上,即使基金会认为某地区的项目执行机构不能实现基金会的公益使命,也无法在同一地区找其他机构替代,而只能解除对该地区的授权,进而停止这一地区的项目。因此基金会通过授权等方式,所能够选择的也只能是实施项目的地点,而不是实施项目的具体机构。在缺乏竞争机制的封闭环境下,基金会难以控制执行机构的管理水平,即使有所考核和评估,也由于缺乏退出机制和淘汰机制，使得评估流于形式难以发挥实效（徐宇珊，2010：29）。"

上述公益基金会封闭式运行体系导致的一个结果是，使得原本属于社会公益资产的民间慈善资源经由官办基金会的筹集动员回流进入到政府行政系统内部，成为政府部门在合法征税以外创造社会事业性收入的另一个重要来源，由此形成了国内饱受诟病的"官办慈善体制"。曾参与创办中国青少年发展基金会并负责执掌该基金会长达十几年的早期官办基金会的代表性人物徐永光先生对国内长期盛行的官办慈善体制弊病深有体会，在2011年以"郭美美事件"为代表的官办慈善机构系列丑闻爆发后，徐永光在多个公开场合演讲中痛陈官办慈善体制的积弊，并大力呼吁对我国现行慈善体制进行改革。在2011年底公开发表的一篇撰文中，徐永光更是直接对官办慈善体制造成的以基金会为代表的官办慈善组织与我国草根公益机构发展之间的关系断裂问题进行了探讨：

"国际上通行的是政府购买民间组织的服务，……但中国正好相反，变成了民间'购买'政府的服务。垄断性慈善资源没有从民间流回民间，而是从民间流向政府，那些没有政府背景、与'官办'慈善组织无'血缘关系'的民间慈善组织无法获得本土资源的支持。一边是资源垄断，无力监管；一边是民间慈善组织吃不到'母乳'只能喝一点点'洋奶'，无法长大（徐永光，2011：43）。"

由此，官办慈善体制下早期中国公益基金会的封闭式运行特征构成我国公益行业内部倡导资助型基金会发展的一个特有背景。正是基于整体基金会行业发展过程中资助型基金会的长期缺位，使得通过有意识倡导来推动国内资助型基金会发展成为必要。然而，受到路径依赖等因素影响，要实现官办慈善基金会的改革转型并不那么容易。在大量官办基金会进行改革创新以前，国内资助型基金会的发展伴随着2004年《基金会管理条例》的颁布实施率先迎来契机。

由中央政府有关部门酝酿多年并于 2004 年上半年正式颁布的《基金会管理条例》在我国基金会管理制度上作出重要突破，通过开创性地提出"非公募基金会"①这一基金会组织类型，为国内民间背景公益基金会的发展开闸放行。在此之前的公益基金会管理框架下，国内大部分基金会为由各个政府部门主管创办并可以向非特定社会公众进行公开慈善资源募集的"公募基金会"。随着九十年代市场经济改革进一步深化推进带来的部分社会先富人群的出现，政府意识到由民间企业或企业家个人出资创办公益基金会的条件已经具备，于是希望通过设立"非公募基金会"这一新的基金会类别鼓励民间背景公益基金会的发展，以实现更广泛的社会慈善资源动员（朱卫国，2007）。对此，时任国家民政部民间组织管理局局长的李本公在 2004 年《基金会管理条例》颁布实施时针对条例出台接受记者采访明确提到，"随着经济发展，一些大的企业和个人愿意而且有能力拿钱投入公益事业，但找不到合适的渠道。对此国家应当予以鼓励和引导，并采取相应的对策，帮助他们参与公益事业。因此，在《基金会管理条例》中增设了非公募基金会这个新种类。这一类基金会可以放开发展"（李本公，2004）。

如图 4.1 所示，对改革开放后我国公益基金会领域整体发展趋势进一步区分公募基金会和非公募基金会加以呈现，可以看到出《基金会管理条例》颁布实施带来的国内基金会发展促进效应主要由非公募基金会推动。其中，由各类企业及企业家个人出资建立的民间背景基金会又是非公募基金会发展的主力。②正是基于民间背景非公募基金会的快速兴

---

① 从字面意义上来理解，非公募基金会指不得面向非特定社会公众开展募捐的基金会。

② 根据基金会中心网观测统计数据，截至 2019 年 12 月 31 日，全国共注册有各类企业型基金会 1315 家、个人背景基金会 2054 家，在所有已知基金会注册类别信息的 6666 家全国基金会中占比超过 50%（程刚等，2020）。

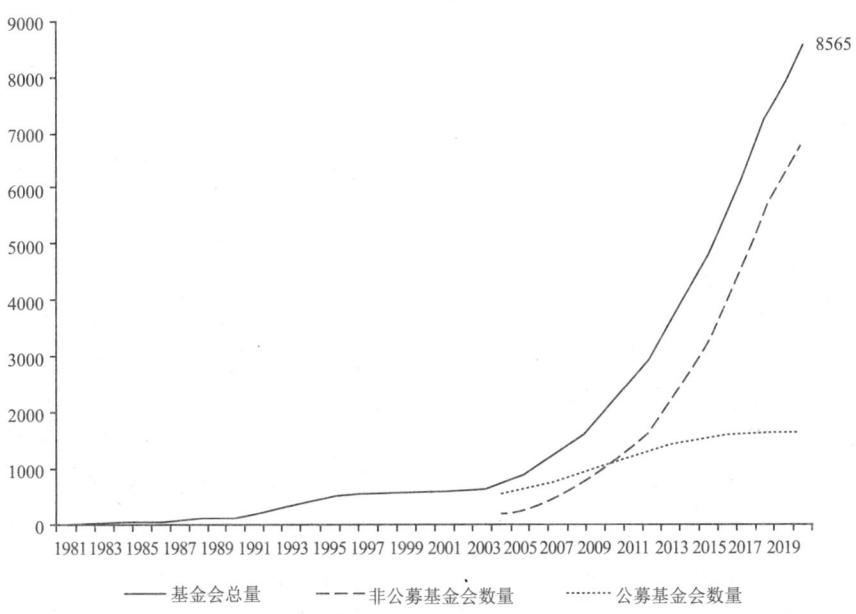

图 4.1 区分公募和非公募两种类型基金会数量增长趋势（1981—2020）

起，尤其是大量企业及企业家个人对基金会发展的投入参与，为国内资助型基金会的出现提供了可能。相较于官办基金会，由民间力量发起创办的非公募基金会在组织发展上的一个限制性因素是不具有向非特定社会公众进行慈善资源动员的资格①，但是基于其非官办背景，民间背景基金会在工作开展的自主性方面却要明显优于官办基金会。例如，民间基金会通常不受政府福利性角色的硬性约束，可以自我决定关注哪一个

---

① 当然，官办基金会与民间背景基金会之间的区别并不能跟公募基金会与非公募基金会之间的区分完全画等号，即并不是所有的官办基金会都是公募基金会。事实上自 2004 年《基金会管理条例》颁布实施以来，在中央政府层面并不鼓励发展过多的公募基金会，此后一些地方政府尤其是基层政府创办的基金会大量以非公募基金会的形式注册。此外，也有部分民间背景基金会取得公募注册身份，以 2010 年壹基金在深圳公募注册为起点，国内民间背景公募基金会的数量也在逐渐增多。不过，就整体公募基金会格局而言，有政府背景的基金会占据了绝对主导地位。一项统计数据表明，在截至 2013 年底全国所有 1309 家公募基金会中，只有 36 家为民间背景，而官办基金会达到 1273 家，各自占比 2.75% 和 97.25%（王群，2015）。

具体工作领域以及机构工作覆盖的地域范围，这就为基金会在工作上进行一定的探索创新提供了可能。更重要的是，民间背景基金会可以自我选择以什么样的形式开展工作，同时能够自主决定与什么机构合作开展工作，从而打破了传统官办基金会的封闭式运作体系，为基金会与草根公益组织之间资源关系的建立开辟了通道。

正如笔者在导论中介绍，大约在2007年前后国内开始出现若干以支持和资助其他公益机构为导向的公益基金会，而这也正是以《基金会管理条例》颁布实施后民间背景基金会的兴起发展为基础。2008年汶川地震救灾期间，大量草根组织自发涌入灾区参与救灾，并与基金会形成协调配合，共同开展救灾物资发放及灾后社区重建工作，开启了我国基金会与草根NGO首次大规模联合行动（朱健刚、王超、胡明，2009）。此后，有关基金会与NGO合作与联合议题成为我国非营利部门内部被着力倡导和推动的一个重要发展方向，一批明确以资助型基金会为组织定位的公益基金会陆续出现，并逐步形成稳定的基金会资助者群体。2015年初，一个旨在推动国内基金会资助者之间互动与交流学习的行业平台"中国资助者圆桌论坛"创办成立，标志着资助型基金会社群内部开始形成更紧密的连接与互动。与此同时，基于资助型基金会兴起对推动整体非营利部门发展的战略重要性，有关资助型基金会倡导与发展的议题也很快进入国家政策视野，逐渐获得正式制度合法性。2015年10月，民政部发布《关于鼓励实施慈善募用分离充分发挥不同类型慈善组织积极作用的指导意见》，要求推动以基金会为代表的资助型组织与一线服务型非营利机构之间资源共享和优势互补，实现行业资源有效利用。2018年最新修订的《社会组织登记管理条例（征求意见稿）》也对在国家民政部登记注册的基金会提出了"以资助慈善组织和其他组织开展活动为主要业务范围"的明确规定。

笔者认为，本土资助型基金会最近十几年间的兴起发展逐渐在我国非营利部门内部推动形成了一个新的"组织场域"（Organizational

Field),并随着国家相关政策法规的制定逐步实现场域制度化（institutionalization）。根据组织新制度主义理论（New Institutionalism），组织场域通常是指"一个组织社区，在这个社区内组织成员共享一种共同的意义系统，并且社区内的组织之间有着比与社区外部的其他组织更频繁和更密切的互动关系"（Scott, 1995: 96）。基于这一概念界定，如果说早期中国基金会的封闭式运行及 2004 年《基金会管理条例》的出台为我国资助型基金会的发展提出了必要性并提供了外部可能性，那么资助型基金会组织场域内部共享意义系统的建构及其成员之间互动关系的建立则仍依赖于相关组织行动者的有意识推动。以下笔者将以组织场域建构为分析视角，对本土资助型基金会场域出现形成过程的内部动力展开考察分析。

自组织场域概念在上世纪 80 年代提出后，早期新制度主义组织研究主要将其作为分析单位（analytic unit），探讨场域制度逻辑对特定场域内组织行动者的制度同构（institutional isomorphism）影响（DiMaggio & Powell 1983）。晚近的研究则逐渐转向以组织场域本身为研究考察对象，探讨场域形成建构（field emergence/construction）及场域进化变迁（field evolution/transformation）等相关议题。其中，针对新兴组织场域建构问题涌现大量研究成果，并大致呈现出两条核心分析主线：一是有关"制度创业者"（institutional entrepreneur, DiMaggio 1988）在特定组织场域建构推动过程中关键角色的探讨（Lounsbury et al 2003；Quinn et al 2014；尹钰林等，2009；苏晓华等，2013）；二是针对制度创业者在推动场域建构形成过程中具体行动策略的分析（Maguire et al 2004；Bartley 2007；David et al 2013）。借用上述组织场域建构分析视角，以下将分别从制度创业者角色识别与制度创业的具体行动策略两个层面，围绕资助型基金会组织社群在我国公益基金会行业内部的形成过程进行实证考察。

二、组织场域与制度创业

已有大量研究表明,特定组织场域的建构形成往往依赖于相关组织行动者的积极倡导和推动。用新制度主义的理论话语,相应的组织行动者就是推动组织场域建构形成的"制度创业者"(institutional entrepreneur, DiMaggio 1988),其可能是某个单一的有组织行动者,也可能是多个组织行动者的集合,这要根据组织场域的具体情境进行确定。基于田野调研及大量二手资料的交叉验证,笔者认为在中国资助型基金会组织场域的发展形成过程中,成立于2007年的南都公益基金会承担了核心倡导推动者的角色。本部分将对南都基金会的机构基本情况进行介绍,并使用相关实证资料证明为什么说南都基金会就是倡导推动本土资助型基金会组织场域建构形成的那个制度创业者。

(一)资助战略的形成

随着2004年《基金会管理条例》的颁布实施,我国民间背景公益基金会开始逐渐兴起。2006年初,同为温州老乡的上海南都集团董事长周庆治和原中国青少年发展基金会创始人徐永光着手探讨共同发起成立一家民办基金会的可能性。经过近一年半时间筹备,由南都集团出资人民币1亿元在国家民政部注册的南都公益基金会最终于2007年5月在北京成立。

作为曾经长期执掌大型官办慈善基金会的公益行业领袖,徐永光先生对南都基金会筹备成立过程中的组织设计与战略制定产生了重要影响。徐永光曾在团中央任职,1989年他参与创办由团中央主管的中国青少年发展基金会,并负责执掌该官办慈善机构长达十几年,其间曾在二十世纪九十年代初设计发起在国内外具有重要影响力的"希望工程"慈善助学品牌项目。2005 年徐永光离开中国青少年发展基金会，调任中华慈善总会副会长，并在当年设计举办了被认为中国公益慈善领域最高政府奖的"中华慈善奖"活动。不过，徐永光没有在中华慈善总会副会长的职务上停留很久，从 2006 年年初便开始参与筹备成立南都基金会，并在 2007 年 5 月南都基金会正式注册成立后担任基金会副理事长兼秘书长。基于其在官办慈善机构长期任职的背景，可以说徐永光对中国公益慈善领域尤其是官办慈善体制有着深刻的认知和理解。对于徐永光而言，发起创办一家完全民间背景的公益基金会无疑是一次全新的创业经历，而这种全新创业的过程也必然带着其对中国公益慈善体制改革的思考。在 2006 年 2 月为基金会发起筹备草拟的一份《南都基金会设立计划书》中，徐永光先生开门见山直指中国非营利部门发展的历史积弊：

> "中国非营利组织的发展现状，政府主导、双重管理的局面一时不会改变。少数官办非营利组织垄断了民间捐赠资源，多数缺乏活力，卓越组织凤毛麟角。草根 NPO 大多没有得到合法登记，资源严重短缺，生存发展困难。NPO 整体发展水平低下，影响了整个行业的公信力。非公募基金会依据《基金会管理条例》设立，是迄今唯一可能由民间力量主导的 NPO。……政府、企业和民间组织是社会'板凳的三条腿'。三大部门均衡发展，三足鼎立，社会才能稳定。现在是政府这条腿太长太壮，民间组织这条腿太细太短，这对于构建和谐社会是非常不利的，而非公募基金会是强壮第三条腿的重要力量。"①

很明显，徐永光是带着对国内非营利部门历史发展格局的批判和反

---

① 参见南都基金会第一届理事会第一次会议文件《关于南都公益基金会筹备情况的报告》，2007 年 6 月 29 日，http://www.naradafoundation.org/Uploads/editor/20140909/14102550261846.pdf。

思进入到南都基金会的创业过程中的。正是基于其自身对官办慈善组织实际工作的长期深度参与及对官办慈善体制弊病的深刻认知和体会，徐永光试图通过民间背景公益基金会的发展运作打破我国非营利组织领域长期以来由政府主导的格局，同时将草根组织纳入民间公益基金会的工作视野中。而作为南都基金会的两位主要设计者和核心发起人，徐永光与周庆治之间必然存在价值理念层面的相互影响和认同，或者至少是基于共同的价值理念才会促使他们在民间公益基金会的创业道路上走到一起。徐永光关于我国官办慈善体制的反思在周庆治对民间背景基金会价值定位的思考上同样有所体现。在2007年6月29日南都基金会正式成立召开的第一届理事会第一次会议上，周庆治谈道：

"我国非公募基金会的发展虽然还面临一些困难，但如同民营经济在经济体制改革中的崛起一样，非公募基金会在社会管理体制改革中的兴起，也是不可阻挡的潮流。它的发展将逐步改变我国第三部门长期以政府办NGO为主的行业格局，增强非营利组织的整体实力和创新活力；非公募基金会主要承担民间公益资金提供者的职能，对于民间组织、特别是'草根'组织获取本土资源，克服资金瓶颈，提高可持续发展的能力具有积极意义。"①

除了基于基金会创办发起者对我国公益慈善体制的反思，南都基金会关于基金会"资助价值"理念认知的另一个重要来源是对国外公益基金会及相关国际机构工作开展模式的学习借鉴。在基金会仍处于发起筹备阶段的2006年年初，我国真正民间背景公益基金会的发展才刚刚起步，南都基金会本身就是《基金会管理条例》自2004年6月1日正式

---

① 参见南都基金会第一届理事会第一次会议文件《周庆治名誉会长在南都公益基金会第一届理事会第一次会议上的讲话》，2007年6月29日，http：//www.naradafoundation.org/Uploads/editor/20140909/14102550251853.pdf。

颁布实施以后较早进入筹备创办的为数不多的民间背景基金会之一。事实上，南都基金会的创建对于我国民间公益基金会的后续发展本身就具有一定的探索性意义，而在基金会设立计划书及其创始人的早期公开发言中也明确显示出南都基金会致力于探索中国民间背景基金会发展模式的愿景。因此，关于基金会成立以后应该采取何种运作方式，国内并没有太多可供借鉴和参考的有效样板。此时，把学习的目光投向国外成为一种可能的选择，而作为全球非营利部门及公益基金会行业最发达国家的美国，也自然成为一个潜在的学习对象。在 2006 年年初起草的《南都基金会设立计划书》中，针对大型公益基金会的社会功能问题，徐永光写道：

"美国有 56000 多家基金会，总资产接近 5000 亿美元，其中私人基金会约占 85%，公司基金会约占 5%，而面向公众筹款的社区基金会资产还不及基金会总资产的 10%。私人和公司基金会主要是资助型的，社区基金会兼有资助型和运作型。私人基金会规模一般比较大，虽然大多有扶助穷人和弱势群体的目标，但一般并不是直接救穷，而是通过具有社会创新的项目，引导穷人摆脱贫困和疾病困扰。他们注重通过社区组织、志愿服务组织来落实项目，项目多通过公开招标来实施。故一个大型基金会可以带动许多小型 NPO 的生存和发展，同时提高了自己实现目标的能力和资金效率。"[①]

如果说对美国基金会部门以资助型基金会为主导的上述描述和分析是一种间接的参考学习，那么大量长期在中国内地开展发展援助及草根组织资助工作的国际机构则可能成为南都基金会直接观察和学习的对

---

① 参见南都基金会第一届理事会第一次会议文件《关于南都公益基金会筹备情况的报告》，2007 年 6 月 29 日，http://www.naradafoundation.org/Uploads/editor/20140909/14102550261846.pdf。

象。有关海外资助方在中国草根公益组织发展领域的早期资助实践对南都基金会最初资助战略的确定到底有多大程度的影响，笔者无法根据手头掌握的资料做出精确的评估。不过，在《南都基金会设立计划书》中关于基金会项目招标、资助草根非营利组织实施项目的具体操作办法部分，明确提到"参考世界银行与扶贫基金会对 50 个'发展市场项目'①进行招标，每个最高资助金额人民币 25 万元，收到申请 975 份"。而根据基金会 2007 年和 2008 年工作报告显示，南都基金会甚至在 2007 年投入人民币 100 万直接参与到世界银行第二届中国发展市场项目的项目资助工作中。

（二）战略实践、转型与制度创业

在以资助型基金会的机构定位注册成立后，南都基金会很快便投入到针对国内民间公益组织的资助实践当中，而其选择集中关注的第一个工作领域是城市流动儿童服务。围绕进城农民工子女的城市教育问题，南都基金会在 2007 年设计发起了"新公民计划"资助项目，希望通过资助新公民学校建设及新公民公益项目开展两种方式，分别推动解决农民工子女城市上学和城市融入问题。② 其中，针对新公民学校建设，南都基金会计划给每所学校资助 150 万到 200 万启动资金，并在政府支持

---

① "发展市场项目"是由世界银行从 1998 年开始发起的用来支持基层和民间发展创意与创新项目的一种竞争性发展资助项目。第一届"中国发展市场项目"于 2005 至 2006 年由世界银行联合中国扶贫基金会举行，最终 31 个项目获得了总额为 65 万多美元的资助。参见新华网，http://news.xinhuanet.com/newscenter/2007-11/09/content_7036612.htm。

② 除了新公民计划这一核心项目外，南都基金会还投入小部分资源用于支持非营利组织的培育孵化工作，该项工作主要通过由基金会扶持成立的恩派非营利组织发展中心（NPI）负责操作执行。参见南都基金会第一届理事会第一次会议文件《公益孵化器项目》，2007 年 6 月 29 日，http://www.naradafoundation.org/Uploads/editor/20140909/14102550635980.pdf；及南都基金会第一届理事会第三次会议文件《公益孵化器项目初步实践和工作展望》，2008 年 2 月 29 日，http://www.naradafoundation.org/Uploads/editor/20140909/14102560893452.pdf。

下探索出一条"社会捐资、公民参与、民办公助"的教育新模式,基金会的目标是用五到十年的时间筹建一百所新公民学校。① 不过,南都基金会新公民计划项目的实施很快陷入困境,尤其是在新公民学校的建设推动上步履维艰。由于户籍制度及城乡二元分割等多方面的体制性限制,地方政府并不鼓励和支持建立民办学校来吸引农民工子弟进城读书。此外,基金会希望通过资助民间非营利组织的方式探索民间办学,但大多数民间公益机构其实并不具备独立办学能力。因此,"新公民计划"事实上以失败告终,在经过几年的坚持探索后于2011年悄然从南都基金会功能模块中剥离出去。

在基金会首个公益项目挫败式工作探索过程中,一次重大外部突发性公共危机事件的发生对南都基金会工作方向的调整产生了至关重要的影响,这个突发事件就是2008年5月12日发生的汶川大地震。汶川地震发生后,大量草根NGO及志愿者个人自发涌入灾区参与救灾。南都基金会也迅速采取行动,在5月13日上午即联络部分民间组织发起"抗震救灾,十万火急,灾后重建,众志成城——中国民间组织抗震救灾行动联合声明",积极倡导和投入救灾与灾后重建工作(朱健刚等,2009)。5月15日,南都基金会理事会决定紧急安排1000万专项资金,为民间组织参与救灾和灾后重建提供资金支持,基金会管理决策层更是前后四次前往灾区一线进行考察调研。在完成前期紧急救灾任务以后,针对大量参与救灾草根NGO因为资金缺乏后续被迫退出灾区的情况,南都基金会进一步明确了"通过支持NGO在灾后社区重建中坚持下来、积极发挥作用"的救灾工作方针,重点实施灾后社区重建资助项目。②

---

① 2007年5月30日,新华社新华网报道南都公益基金会将用5到10年时间为农民工子女捐建百所民办公益学校,参见 http://news.xinhuanet.com/society/2007-05/30/content_6175174.htm。

② 相关信息来自南都基金会2008年工作总结报告。参见南都基金会第一届理事会第五次会议《关于2008年工作与2009年计划的报告》,2009年3月10日,http://www.naradafoundation.org/Uploads/editor/20140909/14102567842191.pdf。

此外，除了自身投入资源支持 NGO 参与救灾与灾后重建以外，南都基金会还积极引导推动其他公益基金会与民间公益组织进行资源对接与合作。比如，通过为中国红十字基金会提供智力和人力资源支持，帮助红十字基金会设计项目招标制度并执行项目招标工作，推动红十字基金会从地震救灾期间募集的 13 亿社会慈善捐款中拿出 2000 万元面向民间公益组织招标灾后重建项目。①

对南都基金会而言，汶川地震救灾经历的重要价值在于使机构看到了推动公益行业内部进行更大范围合作与联合的可能性，尤其是实现基金会与民间公益组织之间的链接合作对于我国整体非营利部门发展的重要性。2009 年 5 月 21 日，南都基金会联合搜狐博客在北京举办以"合作源自信念，责任重于泰山"的"NGO5.12 灾后重建合作论坛"，时任基金会副理事长兼秘书长的徐永光在论坛上做了"迎接基金会与草根 NGO 合作时代到来"的主题发言，呼吁本土公益基金会加强与民间非营利组织合作，推动中国社会组织发展。以此为标志，南都基金会进入了全面倡导基金会与草根 NGO 合作、推动国内资助型基金会发展的阶段。关于汶川地震救灾经历对南都基金会工作方向调整的重要影响，在 2017 年初为一本书稿②撰写的序言中，徐永光先生回忆梳理南都基金会成立十年走过的发展历程时写道：

> "南都基金会成立一周年的第二天，发生了汶川大地震。我通宵未眠，第二天联络了几十家基金会和草根 NGO，共同起草了《民

---

① 作为由中国红十字会创办主管的一家典型官办基金会，中国红十字基金会在此前的项目运作中遵循典型的封闭式运作规则。而正因为红十字基金会 5.12 灾后重建公开招标项目的突破性意义，其被民政部民间组织管理局评选为"2008 年中国社会组织十大事件"。参见新华网，http://news.xinhuanet.com/newscenter/2008-12/20/content_10529447.htm。

② 该书稿是南都基金会前项目副总监刘晓雪组织编撰的关于基金会核心资助项目"景行计划"在设计理念和实施经验等方面的总结，参见刘晓雪：《散财有道：南都公益基金会公益风险投资的理念与实践探索》，北京：社会科学文献出版社 2017 年版。

间组织抗震救灾、灾后重建联合声明》。南都理事会随即决定紧急安排1000万人民币,用于资助草根组织参与紧急救援和灾后重建。……汶川地震让公益组织第一次联合起来参与灾害救援和灾后重建,中国公益行业的概念也由此开始形成。汶川地震激发南都基金会更多关注公益行业的发展,推动行业合作与平台建设。在2009年11月南都公益基金会第一届理事会第八次会议上,经康晓光理事提议,理事会决定进行南都基金会新的战略规划研究(徐永光,2017)。"

一方面是新公民计划资助项目实施遭遇困境,另一方面是参与汶川地震救灾及灾后重建过程中对行业内资源配置与合作问题的反思,南都基金会在2009年年末进入机构首次战略调整期,团队内部进行了为期三个月的战略规划研究。战略规划研究的结果是2010年年初形成的《南都基金会战略规划报告》。根据该报告,南都基金会将机构核心战略调整到"通过杠杆性资助成为行业发展的推动者与引领者"方向上,并形成了由行业宏观项目、战略性资助项目及特定领域项目(包含新公民计划)三大支柱构成的机构新的工作布局。① 其中,行业宏观性项目指通过发起、参与、支持相关的行业会议、活动及行业平台等,促进行业内部的合作、交流与联合行动。② 在南都基金会官方网站上,对宏观性项目做了这样的介绍:"南都基金会基于自身的核心优势,从搭建公益行业产业链的角度着手,对产业链上游进行引导,为产业下游提供倾斜性的支持,开展促进行业发展的合作、交流、人力资源建设等宏观性项目",其关于宏观性项目具体支持方向的第二条内容是"引导资方倾斜

---

① 参见《南都基金会战略规划报告》,2010年4月12日,http://www.naradafoundation.org/Uploads/editor/20140909/14102597252953.pdf。
② 参见南都基金会第一届理事会第九次会议《关于2009年工作和2010年计划的报告》,2010年4月12日,http://www.naradafoundation.org/Uploads/editor/20140909/141025970852.pdf。

性支持，推动草根组织资源对接"。为了帮助推动基金会战略的顺利调整，《南都基金会战略规划报告》还提出要对 7 至 8 家国际著名资助型基金会进行案例研究的工作计划。

由此，大约在 2009 至 2010 年前后，南都基金会逐渐从一家专注于农民工子女教育问题的资助机构转型到致力于推动更大范围公益行业发展的议题上来，其中倡导基金会与草根 NGO 合作、促进公益行业内部资源有效链接成为其核心工作内容，基金会也就由此进入了倡导国内资助型基金会发展、推动本土资助型基金会社群形成的"创业"行动中。此后，在每年向理事会提交汇报的基金会年度工作报告与工作计划中，执行团队都会对基金会在促进草根组织资源对接上开展的相关工作内容进行相应地梳理总结。比如，基金会 2012 年工作报告以"推动合作对话与社会投资，为草根争取更多资源"为开头，报告开门见山地总结道：

> "2012 年，宏观项目以'回应热点、建设能力、对接资源'为指导，在延续传统品牌项目的同时，围绕草根组织资源匮乏问题，开展了一系列活动，帮助草根组织突破资源困境。全年新审批 10 个项目，其中 5 个项目为传统品牌项目，另外 5 个项目为资源困境议题下的新项目以及探索型项目。"①

在基金会《2013 年工作和 2014 年计划报告》中，基于第一届"中国基金会评价榜"关于我国本土资助型基金会比例过低的调研结果，工作报告提出"应该进一步提升自己作为一家资助型基金会的能力，引导和推动更多的基金会来资助草根组织"，并对机构 2014 年度宏观性项目

---

① 参见南都基金会第二届理事会第五次会议《关于 2012 年工作与 2013 年计划的报告（草）》，2013 年 1 月 10 日，http://www.naradafoundation.org/Uploads/editor/20140909/1410258026381.pdf。

提出如下工作目标：

"把握行业发展需要，立足南都使命和愿景，以'推动公益生态系统良性发展'为主线，撬动社会资源，支持并带动行业能力的提升，加强跨界传播，向行业内外以及公众倡导南都的公益理念。"①

而在基金会2015年工作报告中，对宏观性项目的总结是：

"2015年，宏观性项目继续以'推动公益生态系统良性发展'为主线，围绕'引导资源方，倡导资源向民间组织倾斜''支持民间公益组织能力建设和网络构建''跨界传播公益理念'三个主题开展工作，……在撬动社会资源、带动行业发展、促进行业基础设施建设以及加强公益理念倡导方面取得了较好的成果。"②

除了上述基金会内部档案资料的证明呈现，南都基金会在倡导推动本土资助型基金会发展过程中所进行的"制度创业"工作也得到了公益行业内部的广泛认可，尤其是徐永光作为基金会实际负责人在各种行业会议、论坛等活动场合所做的大量公开倡导和呼吁对国内公益行业发展产生了深远影响。笔者进行田野调研期间，每当问到与国内资助型基金会发展相关的问题时，总能听到与南都基金会或徐永光个人有关的信息反馈。比如，笔者曾就国内资助型基金会发展议题访谈了一位自2004

---

① 参见南都基金会第二届理事会第七次会议《关于2013年工作和2014年计划的报告》，2014年1月10日，http://www.naradafoundation.org/Uploads/editor/file/20150925/1443157538373615.pdf。

② 参见南都基金会第三届理事会第三次会议《关于2015年工作与2016年计划的报告（草）》，2016年2月27日，http://www.naradafoundation.org/Uploads/file/20160805/57a4367304c20.pdf。

年就开始进入公益行业从业的资深 NGO 媒体人,该受访者在大约一小时二十分钟的交流谈话中前后 32 次提到南都基金会、并 15 次[①]提到徐永光个人的名字,言语中充分表达出对南都基金会所开展工作的赞赏及对徐永光个人人格魅力的钦佩。此外,在笔者参加过的一系列基金会沙龙、论坛等活动现场及田野调研期间进行的其他相关访谈中,徐永光先生曾公开发表过的相关言论、表达过的观点也经常被活动现场的发言者和笔者访谈的受访对象所引用,足见其在行业话语上的深远影响力。2016 年 7 月 30 日,在北京举办的一场基金会行业交流活动上,一位受邀在活动上发表主题演讲、来自广东的大型企业基金会副秘书长在其关于基金会行业角色的演讲中重点引用徐永光的观点:

> "我用徐永光老师对基金会的分析来讲我们可能扮演的角色。公益行业当中我们是有很多的利益相关方,……而在这一个行业当中,基金会是有他的行业责任的。为什么我们的伙伴会期待我们去支持他们的发展费用,能够支持机构费用,这些想法不是过分的想法,这些就是我们去推动这个行业发展应该承担的责任。在行业当中基金会是处于资金链的上游,所以他就像商业领域的投资公司一样,他会嗅到这些社会变化的趋势,会去适应这些变化,通过他的投资引导去服务于这个行业的建设。"

通过以上对南都基金会早期创办发起、战略形成及转型过程的梳理分析,笔者试图证明南都基金会就是推动本土资助型基金会组织场域建构形成的那个核心"制度创业者"。需要指出的是,组织场域的形成过程中可能包含除核心制度创业者以外其他多个组织行动者的参与,他们在组织场域形成建构过程的特定阶段也发挥了一定的积极推动作用。比

---

① 相关数字根据笔者的田野访谈笔记统计整理。

如，与南都基金会同一年成立的友成企业家扶贫基金会曾与南都基金会一起联合发起相关行业发展平台①，而深圳壹基金前身上海李连杰壹基金公益基金会也早在 2008 年就通过设立"壹基金典范工程"项目开始了对民间公益组织资助的探索。不过，这些机构在有关资助型基金会发展议题上的贡献要么是阶段性的，要么是区域性的，并没有像南都基金会那样将倡导资助型基金会发展、推动基金会与 NGO 合作链接作为组织的明确目标使命。此外，从笔者对国内资助型基金会发展领域的长期跟踪观察及田野调查经验来看，其他机构的贡献也并没有获得像南都基金会那样的行业普遍认可。

三、资助型基金会组织场域建构推动策略

那么，在倡导推动本土资助型基金会发展过程中，南都基金会的制度创业工作又是通过怎样的具体行动策略展开的呢？参考既有海内外研究文献有关组织场域建构议题的探讨考察，以下尝试基于田野调研资料对南都基金会的场域建构推动策略进行梳理分析。

（一）创新概念

对于进入特定组织场域内的组织行动者而言，组织场域首先是一种共享意义系统的结构表征，而这种由场域成员共享的意义系统就是组织场域赖以存在的核心制度逻辑。因此，组织场域推动建构的第一步需要制度创业者提出某种对大多数组织行动者而言创新性的制度理念。根据

---

① 其中，对资助型基金会发展议题起到重要推动作用的行业平台首属成立于 2008 年的"中国非公募基金发展论坛"。笔者将在下一部分有关资助型基金会组织场域建构推动策略的分析中对该论坛的具体情况进行详细介绍。

组织新制度主义理论对"制度"的理解和界定,制度包括三种基本要素:规则性(regulative)要素、规范性(normative)要素及文化—认知(cultural-cognitive)要素(Scott, 2008:51)。而作为制度的最基础层面,文化—认知要素关注的是"有关社会理解的概念和意义建构的框架"(Scott, 2008:57)。对任何致力于特定组织场域形成推动的行动者而言,在其所倡导的新制度理念因为最初的合法性不足而无法直接上升为制度性规则或行业性规范时,在基本的概念层面进行探索创新是比较理想的选择,即从为相关组织行动者提供某种新的概念认知范畴入手开始组织场域的推动建构过程。

南都基金会倡导推动本土资助型基金会组织场域建构的过程正是从概念的创新与供给开始。围绕促进基金会与草根 NGO 合作的议题,南都基金会率先在公益行业内部提出了"公益产业价值链"的概念。事实上,在对外进行公开倡导之前,"公益产业价值链"概念从南都基金会成立之初就已经在其机构内部形成。比如,基金会名誉会长周庆治在 2007 年 6 月 29 日召开的基金会第一届理事会第一次会议上的发言明确提出:"南都基金会要在公益产业价值链中扮演资源提供者的角色"。此外,在南都基金会《关于 2007 年工作和 2008 年计划的报告》中,对公益行业产业链概念做了如下进一步阐述:

>"南都基金会定位为资助型基金会,在公益产业链中处于上游,是资金的提供者,但是基金会与其他 NGO 的关系,不是简单的资助关系。基金会公益目标,需要通过优秀的 NGO 实施公益项目来实现,是一种互助合作的关系。我们希望和更多的 NGO 紧密地合作,共同推进中国公益产业的发展。"①

---

① 参见南都基金会第一届理事会第三次会议《关于 2007 年工作和 2008 年计划的报告》,2008 年 2 月 29 日, http://www.naradafoundation.org/Uploads/editor/20140909/14102560853561.pdf。

基于组织内部早期形成的对基金会与草根 NGO 之间合作关系的以上理解，在 2009 年前后机构正式进入对该议题的行业公开倡导时，南都基金会开始极力将产业价值链的概念推向整个公益行业，试图在行业内部创造出一种新的组织实践模式。比如，2009 年 5 月 21 日在一场由南都基金会发起主办的"NGO5.12 灾后重建合作论坛"上，时任基金会副理事长兼秘书长的徐永光做了"迎接基金会与草根 NGO 合作时代到来"的主题演讲。在该发言中，徐永光提道：

"基金会和草根 NGO 进入合作时代，是中国公益产业的重大变革。在公益产业的产业链中，基金会是资金提供者，各类专业型的公益服务机构是公益服务的终端。……民间公益行业存在竞争，但这种竞争不像企业那样是排他性的。在公益行业的发展生态中，只有你活得好，我才能活得更好。基金会和草根 NGO 的资源对接、合作发展，是解决公益产业的产业链断裂、改善行业生态环境的理性之举（徐永光，2009）。"

2012 年 5 月 6 日，在上海举办的一场主题为"公益组织—基金会合作与创新对话"的行业活动，徐永光以"中国基金会与 NGO 合作的困境与创新"为题，再次对"再造中国公益行业产业链"的问题进行了系统阐述，其中重点对大量官办慈善机构垄断慈善资源而未能与草根组织形成链接的现状提出批评和挑战。

"公益产业价值链"对于彼时的中国公益行业而言无疑是一个全新的概念。而在任何新的概念认知范畴建构提出过程中，通常面临的一个挑战是合法性（legitimacy）不足的问题。此时，概念建构者往往需要努力向其他相关组织行动者证明该新概念的内在合理性，以提高其被各利益相关方认可和接受的潜在可能。毫无疑问，南都基金会对公益产业价值链概念的最初倡导推广同样面临类似概念合法性证成的挑战。针对这一问题,南都基金会(尤其是作为基金会实际负责人的徐永光)的策略是首先通过引用借鉴海外资助型公益机构的运作模式,对推动国内基金会与草根 NGO 合作、构建本土公益行业价值链的必要性进行论证支持。作为当前全球范围内第三部门最发达的国家,美国通常是最多被拿来学习和参考的对象。正如在确定机构自身资助战略时以美国公益基金会的资助型主导运作模式为借鉴,南都基金会同样以美国公益行业的内部组织生态作为支撑自己公益产业价值链概念的重要依据。比如,在2009年"NGO5.12 灾后重建合作论坛"上所做的主题发言中,徐永光特别谈道:

> "他山之石,可以攻玉。1887 年,美国丹佛市一批最有影响的公益服务组织,组建了慈善联合劝募机构(United Way),变各个公益机构独立募款、多头出击为联合劝募,再把募到的捐款分配到会员机构中去。这个做法受到企业和社区公益组织的欢迎,很快就发展到了全美各地。现在,美国联合劝募有会员机构 1400 多个,每年筹款约 50 亿美元,联合劝募成为社区公益服务机构的重要资金来源。(徐永光,2009)。"

通过对美国"联合劝募"(United Way)的案例介绍,徐永光试图向外界证明在公益行业内部建立资源供给组织与一线服务机构之间行业分工的必要性。其中,专业募款组织负责公益资源筹集,社会服务机构专注一线社区服务,基于两者协调互补,共同形成公益行业的"产业链"。

除了对海外公益机构运作模式的引用借鉴,与南都基金会倡导本土资助型基金会发展、构建中国公益行业价值链行动过程几乎同时出现的另一个重要背景是国内草根 NGO 海外资源困境的逐渐显现。事实上,草根 NGO 国际支持资金断裂的问题是在 2011 至 2012 年前后随着部分海外资助方撤出中国才开始真正凸显，南都基金会的行业倡导行动与草根 NGO 国际资源困境问题的出现不期而遇，这为南都基金会提供了另一个可以用于支持其倡导理念的潜在论据。在徐永光围绕公益产业价值链建构、本土资助型基金会发展的一系列公开发言及撰文中，确实反复提到草根组织洋奶减少、面临资源困境的问题，这也进一步帮助强化了各界对于公益产业价值链等相关概念的认受，并对公益行业内部的话语体系产生相应的影响。2012 年 11 月，《财新周刊》杂志在一篇题为《民间组织"洋奶"断流，考验本土资源对接》的深度报道中，重点引用徐永光有关公益产业链的观点：

"在中国，政府购买服务的实践刚刚起步，'洋奶'断流后，更多公益组织都将希望寄托于国内的基金会上。南都公益基金会理事长徐永光①在多个场合竭力普及公益产业链的'常识'：拥有募款资质与能力的基金会应是一个公益平台，由其提供资金，让基层专业的社会团体、民办非企业去执行具体的公益项目。然而，尽管在中国境内已有 2510 家基金会，但仅有以个位数计的基金会向草根组织提供资助。"②

（二）扩散理念

除了共享某种特定的制度生活，组织场域的另一个核心特征在于其更是一个由多个组织行动者参与构成的社会互动空间（Scott, 1995），由此组织场域的建构形成需要能够吸引更多组织行动者的加入。在创新

---

① 在 2010 年 12 月 17 日召开的南都基金会第一届理事会第十一次会议上，基金会原理事长、南都集团董事何伟先生辞去理事长一职，理事会选举徐永光为新一任理事长。

② 参见《民间组织"洋奶"断流，考验本土资源对接》，载《财新周刊》，2012 年第 11 期。

提出某种新的概念,并对概念背后蕴含的行动理念进行系统阐述及合理性论证的基础上,场域建构推动者需要考虑如何才能使其所倡导的价值理念被其他潜在的组织接触、理解并接受,从而真正成为一套被更广泛的组织行动者共享的"意义系统",这有赖于组织场域推动者对相关价值理念进行有效的对外传播和扩散。

  有关制度与组织行为"扩散"(diffusion)现象的研究是组织社会学经典研究议题之一,学者们尤其关注不同组织扩散现象发生的机制(Strang & Soule 1998)。研究表明,组织学习对促进组织行为及制度理念扩散具有重要作用(Dobbin et al 2007)。①尤其是当某种组织形式本身是社会上新出现的组织类型时,新创立组织往往面临机构定位不清、战略方向不明确的问题,解决这一问题最简单、直接的方法就是向同类型的其他组织进行学习。正如前文介绍,中国民间背景公益基金会随着2004年《基金会管理条例》的颁布实施才开始逐渐出现,而其真正快速发展是直到2008年以后。作为一种全新的组织形式,大量新创办的民间背景基金会在成立之初普遍遇到的一个挑战是如何尽快理清机构属性、确定组织工作方向的问题。在笔者曾参加过的大量与基金会发展议题相关的行业活动上,听到最多的言论之一就是基金会成立之后的困惑甚至迷茫。比如,2015年9月19日在深圳举办的一场基金会秘书长交流活动上,一家已经成立两年半的企业基金会负责人回忆基金会的创办发起过程时说道:

---

  ① 有关"扩散"现象的研究,新制度主义针对组织场域"制度同型"(institutional isomorphism)现象提出的强制(coercive)、规范(normative)、模仿(mimetic)三种经典扩散机制(DiMaggio & Powell, 1983),被后续大量研究采纳使用,用于解释不同领域、不同类型的组织行为扩散现象。不过,本章关注的在组织场域建构形成过程中的价值理念扩散与组织场域确立后的场域内制度同型扩散有截然不同,集中表现在后者是局限于已确立组织场域内的、建立在场域制度合法性基础上的"自动"扩散过程,而前者则是在组织场域边界尚未确立、场域推动者所倡导的价值理念合法性较弱条件下的"主动"扩散行为。因此,"制度同型"扩散机制不能直接用于分析组织场域推动者的理念扩散策略。

"在我们基金会刚成立的时候,出现这样的情况:我们要注册,要找人,我们都是新人,在企业 CSR 一起工作的也是新人,都是 20 多岁的小伙子,怎么做都不知道……。"

同一场活动上,另一家在 2012 年注册成立,主要聚焦青年人公益参与支持工作的企业基金会秘书长在分享自己加入公益行业、探索基金会工作方向的经历时也谈道:

"我来到基金会的办公室,后来的日子有四个月的时间是比较煎熬的,因为我们要做选项,我们跟任何一个企业基金会一样,钱到账了,不知道做什么,……这四个月非常苦,我刚进这个行业,我不知道做什么,出资人也不告诉我希望我做什么,后来我们终于跟理事会确定下来,……其实理事会 2013 年确定选项的时候,我还是觉得非常的痛苦。"

2016 年 7 月 30 日,在北京举办的另一场基金会行业交流活动上,一家成立五年时间目前主要专注于儿童营养健康领域工作的企业基金会筹资部门负责人在发言中说道:

"刚才跟张老师交流,张老师说现在进入基金会这个行业很迷茫,他在重新进入一个新的工作领域,现在做的创新的这个东西到底能不能定位为基金会该做的事情?……刚才也有人问基金会到底在做什么?我个人进入公益行业的时间还比较短,我自己的理解来说其实基金会就是一个新生事物,我们需要去学习、需要去了解,其实也是有一个探索的过程。"

正如上述发言中提到的,当基金会行业本身还是一个新生事物时,探索基金会工作最好的方法是"去学习、去了解"。而在这种学习和了解过程中，找到一个合适的参考学习对象是关键的第一步。比如，对于南都基金会的早期发展而言，对海外优秀基金会运作模式的学习和借鉴，尤其是对国际机构工作策略的考察学习发挥了重要影响。在机构自身资助工作战略及推动行业发展的工作方向逐渐明确以后，南都基金会转而有意识地去影响和带动其他国内公益基金会加入资助型基金会的队伍中来。与此同时，基于机构多年来在行业发展推动工作上的大量投入和宣传倡导，无形中将南都基金会推到了行业领袖的位置上，其也自然成为行业新生机构学习和模仿的重要"对标"。一位在公益领域从业十几年的资深NGO媒体人在与笔者的访谈交流中谈到南都基金会对其他资助型基金会发展的影响时说道：

> "你知道南都（基金会）在成立的时候，学国际。国内的机构起来也要有对标，我要学谁？学南都啊。那南都就是这些新起来的基金会朝圣的地方，都去学经验，他们很多人都要去。……以徐永光老师在行业的经验，包括灵山基金会、正荣基金会、敦和基金会，他会影响一大批。因为有太多的基金会想去琢磨南都的经验，后来徐永光老师就说那我们出一本书吧……"

南都基金会也充分利用这种行业领袖地位的影响力，有意识地对大量基金会进行引导和推动，而这种引导和推动很多时候往往以私人咨询或机构顾问的形式进行。田野调研期间，对遇到的相关资助型基金会，笔者总是尝试询问其机构资助战略的具体形成过程，而多家基金会均表示他们是在南都基金会的直接推动影响下选择走上资助型基金会的发展道路。比如，2016年6月27日在北京参加的一场有关基金会如何有效开展资助工作的培训活动上，笔者向参加授课的一家专注于儿童服务领域的资助型基金会秘书长提问该机构资助型战略的形成过程，得到如下回答：

"我们在 2010 年正式成立之前，当时我们的发起人历时用三年的时间走访了中国一些比较大的基金会，和我们很多老师包括徐永光老师、王振耀老师都进行了很深入的洽谈。……08 年之后中国有很多 NGO 的成长，特别是当时徐永光老师提出的要努力去做一家资助型的基金会，所以在经过两三年的筹备过程当中，包括我们在累积了两三千万企业筹款之后，……就确立了资助型的方针"。

另一家成立于 2012 年的企业背景基金会也是在南都基金会的直接影响下加入资助型基金会的队伍，在与笔者的交流访谈中，这家基金会的项目部门负责人详细回忆了基金会资助战略的形成过程：

"我们一开始的时候，应该说是没什么战略的。机构第一任秘书长以前在体制内待过，管过公司、管过企业什么的，他是一个机构管理者出身，就觉得一开始进入一个新的领域，最怕的就是不懂装懂，在那边瞎来。那最简单的是什么，用他的话说就是以前体制内改革开放不知道怎么搞，就去新加坡看啊、去美国看啊。公益不怎么样，一开始不一定要去美国看，那我们先去北京看嘛。我们知道北京有南都（基金会），几个比较大的基金会，那就先去北京学吧。……一方面是出去学习，有了一些基本的价值观和理念，但是在战略方面还是不清晰，我们就跟投嘛，跟投的时候有一句风控的话，也是当时秘书长提出来，就是把钱投给靠谱的大机构一般不会出事。我们就在 2013 年的时候向南都基金会捐资 100 万元，用于支持南都基金会的相关资助项目。"

以上机构咨询形式的组织学习机制确实在资助型基金会理念的传播

与扩散过程中发挥了重要作用。不过，这种点对点的咨询毕竟只能对数量有限的基金会产生影响，资助理念的有效扩散还需要通过更大规模的传播途径。少有研究关注"会议"在促进理念传播与扩散方面的重要价值，唯一例外的是 Garud (2008) 关于美国耳蜗移植行业发展的考察重点分析了行业会议通过信息交流、共识达成及技术选择等方式推动新组织场域出现的作用。笔者对国内资助型基金会组织场域建构形成过程的观察发现，论坛、沙龙、研讨等行业性"会议"在促进基金会资助理念的有效扩散方面发挥了重要作用，而南都基金会在大量相关行业活动的发起、参与和支持过程中扮演极其重要的角色。

2009 年底的战略规划调整使南都基金会形成了由行业宏观项目、战略性资助项目和特定领域项目三大支柱构成的工作布局，其中行业宏观项目旨在通过发起、参与、支持相关的行业会议、活动及行业平台等，促进行业内部的合作、交流与联合行动。① 考察国内公益慈善领域主要行业性平台的形成发展过程，南都基金会基本上在每个平台上都扮演了重要的倡导发起和参与支持者角色。相关行业平台包括：中国非公募基金会发展论坛（2008 年发起）、中华慈善百人论坛（2010 年发起）、中国基金会中心网（2010 年发起）、公益慈善项目交流展示会（2011 年探索）、中国社会企业与社会投资论坛（2014 年发起）、中国资助者圆桌论坛（2015 年发起）、公益筹款人联盟（2015 年发起）、中国好公益平台（2016 年），等等。以这些行业平台为基础，几乎每年都要在各自平台下召开若干场与其对应主题相关的行业年会、分论坛和小型研讨等活动，其中重点涉及资助型基金会发展议题的行业平台包括中国非公募基金会发展论坛、中国基金会中心网和中国资助者圆桌论坛，尤其是最早创立的非公募基金会发展论坛（2016 年更名为"中国基金会发展论

---

① 参见南都基金会第一届理事会第九次会议《关于 2009 年工作和 2010 年计划及预算报告》，2010 年 4 月 12 日，http://www.naradafoundation.org/Uploads/editor/20140909/141025970852.pdf。

坛"）在推动基金会资助理念的倡导传播及行业讨论方面发挥了极其重要的作用。

有关南都基金会参与中国非公募基金会发展论坛发起创办的最早信息可以在其2007年工作年报中找到，在关于基金会2007年度重要工作事项的总结梳理中有这样一条信息："2007年12月25日，我会与NPO信息咨询中心联合举行中国首次非公募基金会交流会，推动非公募基金会之间的联系与互动，10多家非公募基金会与会"。[1] 紧接着在2008年，非公募基金会发展论坛的筹备工作开始启动。南都基金会在2008年工作总结报告中写道："2007年12月25日，非公募基金会第一次沙龙在南都公益基金会举行之后，10多家非公募基金会就有关发展和治理的各种问题进行了多次交流，大家形成了共识，决定与中国社会组织促进会联合发起举办'中国非公募基金会发展论坛'。……2008年11月20日，中国非公募基金会发展论坛新闻通报会在民政部召开。首届中国非公募基金会发展论坛拟于2009年6月在北京举行，首届论坛轮值主席为南都基金会秘书长徐永光与杨岳理事"。[2] 自2009年召开第一次年会，中国基金会发展论坛已经连续举办十三届，而南都基金会作为论坛的核心发起机构之一，十几年来一直坚持积极投入论坛的发展推动工作。由于南都基金会及徐永光个人在推动论坛发起创办及其持续发展过程中的重要贡献，2016年于上海举办的第八届基金会发展论坛授予徐永光年度致敬大奖。

在每年年末召开的基金会发展论坛年度会议及年中平行论坛上，除了讨论关于基金会行业发展的其他相关议题（如内部治理、信息披露、

---

[1] 参见南都基金会第一届理事会第三次会议《关于2007年工作和2008年计划的报告》，2008年2月29日，http://www.naradafoundation.org/Uploads/editor/20140909/14102560853561.pdf。

[2] 参见南都基金会第一届理事会第五次会议《关于2008年工作和2009年计划的报告》，2009年3月10日，http://www.naradafoundation.org/Uploads/editor/20140909/14102567842191.pdf。

人才培养、投资理财等），倡导基金会与 NGO 合作成为会议上探讨交流的最重要内容之一。笔者根据论坛年度会议及年中平行论坛的具体议程，总结梳理出 2009 年至 2018 年十年间基金会发展论坛针对资助型基金会发展及基金会与草根 NGO 合作议题的相关会议研讨内容：

表 4.1　中国基金会发展论坛有关"基金会与 NGO 合作"议题的历年会议研讨

年份与届次	研讨形式	研讨主题
2009 年第一届	年会分论坛	公益合作伙伴和公益资助项目交流会
2010 年第二届	年会主论坛个人发言	草根公益组织因资金匮乏举步维艰
	年会分论坛	基金会"不差钱"与草根"就差钱"
2011 年第三届	年会小组讨论	基金会资助项目时与合作方的关系处理
2012 年第四届	年会分论坛	基金会的资助之道
	年会分论坛	资助型基金会的项目资金管理
	年会分论坛	投资于人是最长效的投资
	年会分论坛	从实操到资助，你准备好了吗？
	年会个人闪电发言	民间公益组织和基金会的合作
	年会个人闪电发言	草根 NGO 眼中的本土基金会
2013 年第五届	年会分论坛	环保资助机构联合行动的新时代
	年会分论坛	灾害应对中基金会与民间组织合作
	年会分论坛	我们需要怎样的"基金会—NGO 合作"？
2014 年第六届	年会分论坛	问道资助：中国本土基金会的探寻之路
2015 年第七届	年中平行论坛个人发言	资助到底是怎样的一种专业？
	年会主论坛个人发言	敦和为何以及如何做 NGO 的机构支持？
	年会主论坛个人发言	如何与草根环保组织建立平等互助伙伴关系？
	年会分论坛	基金会项目官员如何协力社会组织快速成长？
	年会分论坛	什么是好的基金会：第二届中国基金会评价榜
2017 年第九届	年会分论坛	资助发现价值
	年会分论坛	环保资助者如何营造环保公益发展新格局
2018 年第十届	年中主题论坛	行业资助与公益生态营造

可以看到，会议探讨的内容既有单纯对基金会与草根 NGO 合作理念的倡导，也有关于基金会具体资助策略与技术的深入讨论，在这种反复探讨和交流过程中，基金会行业内部对于资助型基金会行业价值的认同无形当中就被建构出来。作为目前国内最大的基金会行业互动交流平台，每年论坛年会都能吸引众多基金会、草根 NGO 及相关媒体代表参加。以笔者曾在 2012 年 11 月现场参与的广州第四届论坛年会为例，包括 154 家基金会、82 家草根 NGO 及众多媒体人士在内的将近 600 位代表注册参加了年会，这种行业性会议对基金会资助理念的传播扩散效果可想而知。基于基金会发展论坛的行业影响力，由论坛大力倡导推动而发展起来的资助型基金会模式本身逐渐成为一种合法性赋予的有效机制，表现在一些最新成立的公益基金会往往只要简单对外宣称机构的资助型战略定位，就能借助论坛的行业传播平台在短时间内获得广泛的行业声誉，这种声誉的取得有时甚至远早于基金会资助行动的真正实践。

（三）推动实践

组织场域的最终确立不能仅仅停留在价值理念层面的探讨，而是需要基于场域内组织成员具体实践的开展及其相互之间互动关系的形成。因此，通过推动场域实践的方法，可以说是一种促进组织场域建构形成最直接的路径。对南都基金会倡导推动本土资助型基金会组织场域形成过程的考察发现，实践推动的策略也被充分使用。已有研究表明，作为一种独特的资源型组织，基金会在倡导推动组织场域建构形成过程中的一个重要方式是为相关组织行动者早期场域实践提供资金与人力等方面的支持（Bartley, 2007; Quinn et al, 2014）。不过，本书关注的组织场域有其独特性，因为其他加入资助场域实践的组织行动者本身都是作为资金供给机构的公益基金会，其早期场域实践最缺乏的可能并不是行动资源上的支持，而是资助工作经验与方法上的欠缺。由此，南都基金会对其他基金会资助实践的推动并不一定以直接提供资金支持的形式展开，而是通过资助经验的探索与知识分享、联合资助与资源撬动等方式进行。

首先，在基金会领域有关NGO资助经验极度匮乏的背景下，南都基金会本身是最早走上民间公益组织资助实践探索的国内基金会。2007年机构成立之初，南都基金会就尝试以资助NGO开展项目工作的方式投入到进城农民工子女教育问题的解决。而在2009年底机构战略调整后，除了行业宏观性项目外，南都基金会在机构核心工作中重点增加了战略性资助项目板块，旨在通过资助行业内支持型、引领型公益机构及具有创业精神、创新意识公益人才的方式积极推动国内民间公益领域的发展。2010年和2011年，南都基金会分别推出了以"银杏伙伴计划"和"机构景行计划"命名的两大战略性资助项目。其中，银杏计划以连续三年每年资助人民币10万元的形式对有志于长期在NGO领域开展工作的公益人才进行扶持培养，希望推动形成中国民间公益领域的未来中坚力量。而景行计划则以行业内支持型、引领型公益机构为支持对象，通过连续三年为每家机构每年提供30万—50万元非限定性经费资助的方式，推动这些机构发挥支持和引领国内草根NGO创新发展的功能。

南都基金会开发设计的"银杏伙伴计划"和"机构景行计划"在国内公益基金会资助实践领域具有极大的创新性，尤其是彼时基金会资助理念尚未在行业内被普遍接受的背景下，南都基金会首创对公益人才个人和公益机构本身的支持，这对其他基金会资助实践的探索具有极大的引领性。田野调研期间，一位大型官办基金会的项目部门负责人向笔者这样评价南都基金会在资助实践方面的探索：

"我觉得南都呢，从它的发展历史来看，他做的事都挺有意思的。我记得特别清楚，当年他们最早策划银杏（伙伴计划）的时候，我们是完全就接受不了的，我说你这算什么啊，你怎么做评估啊？他钱要是乱花了你怎么办？但是现在证明，针对人、还有非定向这一块,就是现在银杏和景行,是最有可能推动创造中国民间公益欣欣向荣的景象。……南都做的是非定向资助,他一方面带来的是更平等的资助关系,当然另一方面带来的是风险、高度的不确定性,但是他也可以更加激发NGO伙伴的自主性和创新力。"

为了使机构的资助探索能够起到影响和带动其他公益基金会资助实践的作用,南都基金会有意识地对机构自身的资助实践经验进行有效地梳理总结,并通过多种方式与行业同仁进行交流分享。比如,通过组织举办关于"机构资助"议题的专题沙龙,向同行基金会介绍机构资助的理念及相关操作方法。通过撰写发布《景行计划机构资助操作手册》,与行业同仁分享基金会自身开展机构资助工作的知识经验。此外,南都基金会还在2014年分别资助社会资源研究所和中国发展简报两家国内行业研究机构开展"基金会有效资助之道"与"资助型基金会价值"的研究项目,希望通过对国内现有相关基金会资助经验的总结研究,进一步引导推动更多基金会加入基金会资助实践。南都基金会的资助实践探索对行业的引领性作用在潜移默化中产生。自银杏计划和景行计划设计实施后,国内先后又出现了多个以公益人成长及公益机构发展本身为资助对象的基金会资助项目,包括阿拉善SEE基金会的"创绿家计划"和"劲草同行计划"、爱佑慈善基金会的"爱佑益+"项目、浙江敦和基金会的"公益优才计划",福建正荣基金会的"和平台"资助项目,等等。从后续这些基金会资助项目的具体操作方法与资助模式来看,或多或少都有向南都基金会两个引领性资助项目学习的痕迹。

除了基于机构自身的探索及经验分享对其他基金会的资助实践进行有效推动,南都基金会的另一个资助实践推动策略是对其他基金会进行资源撬动或与其他基金会联合发起资助项目。早在2008年汶川地震救灾期间,为引导推动更多基金会对一线NGO的救灾及灾后重建参与行动进行资助,南都基金会通过提供人力支持的方式撬动相关基金会资源投入。比如，其成功推动中国红十字基金会从 13 亿赈灾捐款中拿出 2000 万用于支持民间公益组织参与灾后社区重建工作。基于这次资源撬动的成功经历，南都基金会在后续资助实践推动过程中又多次使用类似策略。2010 年青海玉树地震救灾，为推动另一家大型官办基金会投入资源资助草根组织参与救灾与灾后重建，南都基金会专门为这家基金会提供 21.5 万元项目执行费用，撬动其投入 530 万元项目资助资金。① 这一合作资助项目在笔者与该官办基金会项目合作部负责人的交流访谈中得到了证实，访谈中该负责人谈到其机构在资助 NGO 救灾参与方面的具体实践时提道：

> "当时我们也是没绕过弯来，当时基金会有个 10% 的行政经费限制，我们认为对 NGO 也不能突破 10%，就是你的项目执行成本不能超过项目总体经费的 10%。但是基金会你体量大啊，6 个亿你 10% 肯定就够了，NGO 就那么点钱，最后管理费不够怎么办呢？当时还是南都（基金会）给我们配了专门的机构管理费，支持整个地震灾区的社区发展。"

除了上述通过小规模投入引导相关基金会参与 NGO 资助实践的资源撬动策略，南都基金会还与其他基金会共同发起了大量联合资助项目。比如，2013 年，南都基金会与浙江敦和基金会联合支持"第三届瓷娃娃罕见病全国病友大会"，与阿拉善 SEE 基金会联合资助民间公益组织行业自律平台"USDO 自律吧"第四届成员大会。2014 年，南都基金会参与由福建正荣基金会及浙江敦和基金会联合发起的旨在支持国内二三线城市草根公益组织发展的"和平台"资助项目，三家机构承诺连续

---

① 由此，虽然受限于路径依赖等因素影响我国官办基金会整体改革转型道路艰难，但不排除个别政府背景基金会在相关组织行动者的带动影响下逐渐打破传统封闭式运行体系，通过一定的组织改革创新实现向资助型基金会的转型。

三年、每年共同出资 230 万元，通过小额资助等方式为初创期公益组织提供各种支持。2015 年，南都基金会与深圳壹基金共同出资 100 万联合发起"支点计划"资助项目，用于支持全国各地区枢纽型、支持型机构的能力提升与机构建设，旨在通过支持型机构成长的辐射效应带动各地一线公益组织的发展。而 2016 年末由南都基金会主导推动的"中国好公益平台"也设计成开放性项目合作平台，其第一批联合共建机构中包括壹基金、爱德基金会、北京乐平基金会等十几家国内资助型基金会。[①]

四、小结

本章有关国内资助型基金会社群形成建构过程的探讨分析旨在为针对我国本土基金会资助实践的考察提供一个背景性铺垫。围绕资助型基金会组织社群在我国公益行业内部的兴起发展过程，通过引入新制度主义"组织场域"分析视角，笔者分别从场域出现形成的外部动因和场域推动建构的内部动力两个维度展开考察。在外部动因层面，基于我国公益基金会领域早期封闭式运行的特殊背景，2004 年《基金会管理条例》颁布实施对国内民间背景基金会发展的开闸放行为本土资助型基金会的出现提供了可能。其中，大量企业及企业家背景基金会的兴起尤其成为本土资助型基金会发展的关键推动力量。比如，作为国内资助型基金会组织场域推动建构的核心"制度创业者"，南都基金会即是一家典型的企业背景基金会。正是基于这种社群出现形成过程的独特路径，为我国资助型基金会组织场域内部的市场化逻辑嵌入埋下了"伏笔"。

当然，作为本土资助型基金会组织场域建构形成的关键倡导推动

[①] 有关"中国好公益平台"的详细介绍，请参见南都公益基金会官方网站 http://www.haogongyi.org.cn。

者，南都基金会的特殊性在于除了企业发起背景外，其核心创始人之一徐永光基于自身对我国官办慈善体制的批判性反思，为基金会注册成立后的工作开展注入了强烈的民间公益理念，因而从其组织场域建构推动的总体行动策略来看似乎并没有受到明显的市场化机制影响。但即便如此，在有关资助型基金会社群内部"共享意义系统"的概念建构过程中，南都基金会对"公益产业价值链"的创造性提出仍然体现出一定的市场要素植入痕迹，即通过借用市场领域"产业链"概念在公益行业内部区分出作为"上游"资源供给者的基金会和作为"下游"公益项目实施者的草根 NGO，从而实现场域概念建构合法性的提升。笔者认为，相较于企业发起背景及企业家参与这一显性通道，上述基金会在场域推动建构行动中对市场领域概念及相关话语的积极调用，恰恰反映出市场机制嵌入基金会组织场域内部的另一条更为隐蔽的影响路径。

第五章 基金会组织场域内部市场化逻辑影响：路径与机制

如果说资助型基金会组织社群出现形成过程中的市场机制影响还只是模糊呈现，那么有关本土基金会资助的市场要素植入探究仍需深入到基金会针对一线非营利组织资助开展的具体实践中寻找更直接证据。不过，在进入基金会实际资助行动的经验分析之前，本章尝试先就基金会组织场域内部的市场化逻辑嵌入进行考察呈现。在基金会与其他非营利组织资助关系结构中，作为市场力量的主要引入者，基金会行业内部必然呈现出市场化思维及其逻辑的深刻影响。理论上，如果没有作为资助者的基金会自身对市场力量的高度认同和信仰，其在资助实践过程中对民间公益机构的市场逻辑输入也就不太可能出现。基于上一章有关我国资助型基金会组织社群兴起发展背景及其场域形成建构过程的考察线索，本章将首先针对基金会场域内部市场化逻辑嵌入的多元路径展开进一步检验分析，并进而围绕市场化逻辑影响在基金会组织场域的具体表现形式加以考察呈现。

一、市场化逻辑影响的产生路径

正如上一章有关我国本土资助型基金会组织社群何以兴起的外部动

因考察所揭示，2004年《基金会管理条例》颁布实施后大量企业及企业家个人对基金会发起创办的参与投入为国内资助型基金会的出现提供了可能。毫无疑问，作为一种典型的公益资产集合型组织，基金会本身的创办成立需要以一定的资金积累为前提①，而拥有相当财富储备的企业和企业家群体自然也就成为基金会行业发展推动的核心参与主体之一。与此同时，基于企业及企业家群体对公益基金会发展的资源投入，进而又构成其参与基金会机构运作的重要基础。由此，基金会发起的企业/企业家背景以及企业家群体对基金会组织运行管理的参与介入成为市场化逻辑得以嵌入基金会场域内部的第一条最直接路径。

为了对企业和企业家群体在我国资助型基金会发起创办及其组织运作管理中的重要角色进行实证检验，笔者尝试基于"中国基金会评价榜"②最新榜单数据展开相应考察分析。2020年"第四届中国基金会评价榜"通过广泛调研访谈③，共收集到425家国内民间公益机构针对171家本土公益基金会项目资助实践的评价反馈，其中23家基金会入选最后的总榜单。④根据评价榜报告，总榜单的入选原则为该基金会在调研过程中获得超过5家民间公益机构的反馈评价，这意味着无论从资助范围还是资助的持续性看这些基金会都已经形成相对比较稳定的资助战略，因而

---

① 根据我国现行《基金会管理条例》，在国家民政部注册一家全国性非公募基金会的最低注册资金门槛要求为人民币2000万元，全国性公募基金会的最低注册资金为800万；而在省级民政部门注册一个区域性公募基金会的最低注册资金要求是400万，其他地方性非公募基金会最低注册资金为200万。此外，目前仍处于制定修订状态的《社会组织登记管理条例（草案征求意见稿）》拟将基金会登记注册权统一调整至省级民政部门以上，并且最低注册资金门槛设置为不得低于800万，而国家级基金会则更是统一上调至不得低于人民币6000万元。

② 有关"中国基金会评价榜"的详细介绍，可参见https://baijiahao.baidu.com/s?id=1666800981480093870&wfr=spider&for=pc。

③ 有关"第四届中国基金会评价榜"调研开展的详细介绍及调研最终报告数据资料，可参见http://www.cfforum.org.cn/Uploads/file/20201214/5fd7538f16a63.pdf。

④ 根据"第四届中国基金会评价榜"调研报告，入选榜单的最终基金会数量为27家，但其中得分排名第一的福特基金会、排名第十的乐施会、排名第十六的施永青基金会以及排名第二十七的世界宣明会均为境外机构，因而不进入本研究的考察分析对象范围。

可以被认为是本土资助型基金会的典型代表。① 针对这 23 家典型资助型基金会，笔者首先对其核心创办发起者的机构或个人身份背景进行资料搜集和整理分析②，结果如表 5.1 所示。可以看到，除了几家改革转型的早期官办基金会外③，大部分资助型基金会（18 家）为 2004 年以后新发起成立的基金会。而在《基金会管理条例》颁布实施后新成立的所有 18 家基金会中，有企业和企业家参与发起的基金会占据绝大多数（13 家），足见企业及企业家群体在民间背景基金会创办发起过程中的重要性。

表 5.1　国内典型资助型基金会核心发起者背景

基金会组织名称	机构成立时间	核心发起者背景
中国儿童少年基金会	1981 年	官办
爱德基金会	1985 年	宗教界人士
中国扶贫基金会	1989 年	官办
深圳市社会公益基金会	1991 年	官办
上海慈善基金会	1994 年	官办
爱佑慈善基金会	2004 年	企业家
无锡灵山慈善基金会	2004 年	企业 + 宗教机构
重庆儿童救助基金会	2005 年	官办
中国社会福利基金会	2005 年	官办
南都公益基金会	2007 年	企业 + 公益人

---

① 此外，从笔者在田野调研期间的行业一线观察与实地访谈接触来看，这些基金会也确实是目前国内对外资助实践开展相对比较活跃的基金会。

② 具体而言，基金会核心发起者存在自然人和法人两种情况，其中自然人包括企业家、社会名人、高校学者等，法人则包括政府部门及其附属单位、商业企业、民间公益机构等。此外，有些基金会由单个发起者单独发起创办，有些基金会则有两个及以上发起者。由多个发起者联合发起的基金会也存在自然人联合、法人联合以及自然人与法人联合发起等多种情况。

③ 从上一章有关我国资助型基金会组织场域建构形成过程的考察分析看，部分官办基金会由封闭式运行向寻求与一线非营利组织开放式合作的改革转型，事实上也是在民间背景基金会资助实践的推动示范作用下逐渐发生。因而，当前国内典型资助型基金会中出现多个官办基金会并不能否认《基金会管理条例》颁布实施后民间背景基金会兴起发展对我国资助型基金会社群出现形成的重要意义。

(续表)

基金会组织名称	机构成立时间	核心发起者背景
心和公益基金会	2008 年	企业家
北京市企业家环保基金会	2008 年	企业家
上海联劝公益基金会	2009 年	民间公益机构
招商局慈善基金会	2009 年	企业
广东省千禾社区公益基金会	2009 年	企业家+高校学者
深圳壹基金公益基金会	2010 年	社会名人
阿里巴巴公益基金会	2011 年	企业
浙江敦和慈善基金会	2012 年	企业
福建省正荣公益基金会	2013 年	企业
北京三一公益基金会	2013 年	企业
北京市银杏公益基金会	2015 年	公益人+公益机构
北京险峰公益基金会	2015 年	企业
深圳市同佳岸慈善基金会	2016 年	企业

而在参与机构发起创办以外，另一个能够体现企业和企业家个人对基金会运行发展影响的关键指标是企业家群体在基金会机构运作管理中的直接介入。根据当前公益慈善组织通行治理模式，理事会作为最高权力机构对基金会整体发展战略制定及其工作策略选择具有最直接影响。因而，加入基金会成为理事会成员构成企业家群体参与介入基金会组织运行发展的重要途径。笔者根据基金会官方网站及其年度工作报告中有关机构理事会成员信息的介绍，对各资助型基金会最新理事会成员的身份背景资料进行收集整理①，并按照企业背景理事在基金会所有理事会

---

① 大多数基金会都在官方网站或年度工作报告中对其理事会成员的身份背景信息进行了公开发布，而对于部分未公开理事会成员身份信息的基金会，笔者根据其理事会成员名单通过网络搜索方式对所有理事成员的身份背景信息逐一加以查证。在此过程中，如遇到个别基金会理事身份通过多种渠道查询后仍无法确认，则自动归入企业背景以外的其他类别（这些理事成员的具体身份背景包括政府公务员、离退休官员、高校学者、新闻媒体记者、职业公益人士，等等）。此外，由于部分理事成员的职业身份在一段时期内可能发生过多次变化，笔者主要以其在加入基金会担任理事前的职业作为确定其身份背景信息的依据。

(续表)

基金会组织名称	企业背景理事数量	所有理事成员总数	企业背景理事占比
深圳市社会公益基金会	6人	9人	66.67%
南都公益基金会	6人	9人	66.67%
福建省正荣公益基金会	4人	7人	57.14%
重庆儿童救助基金会	5人	9人	55.56%
中国儿童少年基金会	9人	19人	47.37%
上海慈善基金会	9人	20人	45.00%
中国扶贫基金会	8人	18人	44.44%
中国社会福利基金会	6人	14人	42.86%
北京险峰公益基金会	2人	5人	40.00%
北京市银杏公益基金会	4人	11人	36.36%
无锡灵山慈善基金会	2人	7人	28.57%
心和公益基金会	1人	6人	16.67%
爱德基金会	2人	13人	15.38%
平均值	6.74	11.13	61.04%

基于上述背景资料考察，当企业和企业家群体逐渐成为公益基金会行业发展的核心推动力量，并且具有企业背景的相关人士在基金会内部组织决策过程中扮演重要角色，市场化逻辑和商业化思维也就顺理成章地被带入到基金会组织场域。2016年4月25日，在山东济南举办的一场以"公益与商业创新融合"为主题的焦点论坛上，参加活动的企业家们围绕中国公益行业的困局及如何通过与商业融合打破困局等相关议题进行了热烈地讨论。最后，由北京某大型慈善基金会理事会成员、中国银泰投资公司董事长沈国军先生①对论坛做总结发言：

---

① 鉴于网络资料搜索获取的开放性，对依靠网络二手资料进行的相关经验材料呈现不做匿名处理。

"这次论坛主题比较有共识的一点,就是说要用平台思想、用共享的价值、用商业的手法去管理我们的公益机构,提升我们公益机构的效率。……不是用传统的思维来管公益,因为现在传统的公益目前确实问题蛮多的,需要解放思想,我们不要就公益论公益,而是为公益事业注入新的商业的活力。我们商业领域是非常强调创新变革还有共享以及平台化,大的公司都用平台的理念在做,但是我觉得在公益领域,我们几位嘉宾也都认为这些理念同样是适用的,……用商业的理念去管公益机构,让公益机构更加有效率,更加高效,这是我们今后中国公益的方向。"

可以看到,上述会议总结发言对商业组织之于公益机构在理念、价值以及效率等方面的全方位优势表达出毫不怀疑的赞赏。笔者相信,这种信心很大程度上来源于沈国军先生作为国内大型投资公司掌门人在商业领域取得巨大成功而建立起来的对商业模式的高度自我认同。的确,在笔者参加过的大量与基金会行业发展议题有关的活动中,经常能够听到曾有企业从业经历的基金会工作人员总是以"我们商业社会……"这样的表述方式来表达公益领域应该多向市场商业部门进行学习的观点,"我们"概念的使用更是充分展现了这些"前商业领域从业者"在潜意识当中对市场企业模式的高度自我认同感。

除了基金会发起创办及其组织运作管理中的企业和企业家群体参与这一显性路径,市场化逻辑得以嵌入基金会组织场域内部的另一条更为隐蔽的通道乃是基于市场机制在当前中国社会所获得的普遍"合法性"(legitimacy)。正如上一章有关我国本土资助型基金会组织场域建构形成过程的考察显示,作为场域倡导推动的关键组织行动者,南都基金会针对"公益产业价值链"这一场域核心概念的创造性构建即表现出明显的市场要素借用效应。"公益产业链"通过复制市场领域的产业链概念,在公益行业内部内区分出"上游"资源供给者和"下游"项目实施者,以建立起类似于市场产业链中的行业上下游关系。根据美国学者莫迪（Moody 2008）有关"公益创投"（venture philanthropy）复合文化概念在美国基金会资助领域合法性获得机制的研究考察发现，商业文化在美国社会的主导性对其合法性获得产生了重要推动作用。与此相似，市场价值理念在当前中国社会获得的高度认受性同样为公益产业链概念提供了坚实的合法性基础。

毫无疑问，市场机制和商业模式在创造社会物质财富方面的强大能力已经在西方自第一次工业革命以来的过去数百年时间内得到了充分展现。对于中国社会而言，近四十年来对外开放与经济市场化改革所带来的物质生活极大丰富及中国经济的高速腾飞或许也可以成为关于市场和商业力量最完美的历史教材。而正是建立在这种物质财富创造的强大能力以及当下国人对丰富物质生活的享受式体验基础之上，市场和商业力量在当前中国社会已然成为无需自证的社会主导性逻辑之一，并逐渐形成其对于多元社会议题的"文化霸权式"（hegemony）影响，具体表现为不同部门、不同领域及不同界别社会行动者对市场机制及商业思维的无意识认同和参照模仿。① 2016 年 7 月，在北京举办的一场基金会行业交流活动上，当与会者讨论到公益行业内部分工与合作问题时，一位本地基金会代表拿过话筒开门见山地说道：

> "我认为基金会应该向市场领域进行借鉴和学习。大家如果看商业组织的发展，商业社会越发达它就越专业化。你看我们现在有专门切菜的机构，配菜是一个专门的机构，然后厨师来做又是一个专门的机构，把这个菜配送出去又是一个机构。所以，公益行业也应该形成自己的产业链条，将来基金会的发展也一定是往这个方向。"

---

① 由此，市场化逻辑影响在当前中国社会的领域性嵌入显然不仅限于基金会组织场域，而是对几乎所有社会功能性领域形成了全覆盖，包括政府、学校、医院甚至宗教机构等在组织运作管理上均出现不同程度的市场化倾向。

从上述发言内容可以看到，人们相信市场原则和市场方法的普遍效用，这种效用早已超越了市场和商业领域。而正是通过对市场相关理念要素的借用，无形中增加了"公益产业链"概念在我国公益行业内部被认可和接受的可能。

二、市场化逻辑影响的呈现机制

经由企业家群体参与和市场机制合法性塑造两种路径，市场化逻辑得以嵌入到基金会组织场域内部，并通过多种形式展现其对基金会运行发展的影响。根据笔者在田野调研中的实地观察及访谈资料来看，与市场化逻辑有效嵌入基金会组织场域的多元路径形成对应，其在基金会场域内部具体影响的呈现也大致包括基金会组织运行和基金会行业整体话语体系两个层面。

首先，市场化逻辑在基金会的实际组织运行层面呈现出深刻的影响。具体而言，这种影响又表现为基金会机构运作对商业化运行机制与企业化运营模式的大量吸收和借鉴。作为一种以利润最大化为导向的市场组织，商业企业机构运营模式的优势在于其广泛汲取资源和产生经济收益的能力，而这种能力又建立在商业组织在长期市场环境磨炼下所建立起来的组织策划、公共传播、营销推广及绩效管理等一系列组织运行策略基础之上。对于一些资助型基金会而言，尤其是当其本身存在对外筹款的压力时①，从资源筹集的角度，企业化运营模式和商业领域人才就自然能够对其产生巨大的吸引力。在一次实地访谈调研中，一位来自

---

① 基于政府管理条例对公益基金会最低年度经费支出比例的硬性要求，除了特定企业背景基金会完全由关联企业每年固定捐赠一定数额资金解决机构运行发展经费（如腾讯公益基金会），即使是由企业家联合创办发起的基金会往往也会面临外部资源筹集压力，因而筹款成为很多基金会日常工作开展的一项重要内容。

广东地区的资助型基金会实习项目官员向笔者介绍其所在机构短期内人事结构发生的巨大变动：

> "最近我们基金会空降了好几个企业过来的，尤其是筹资这块，基本上筹资版块相当于大换血了。然后还空降了一批高层，基本上也都是从企业过来的，而且基本上都是有海外留学经历，或者最起码是在外企工作过。……所以就是如果你刚好出差，几个月不回办公室的话，可能一下子大部分人都不认识了。"

很显然，出于组织筹款的需要，上述案例基金会大大加强了对企业背景人才的引进力度。对基金会而言，具有企业工作背景的职业人士在潜意识中被认为具有较强的资源汲取能力，而不管这种资源汲取能力是否真正与其资源动员需求相匹配，基金会希望通过企业背景人才的引进改善机构整体筹资状况。

除了机构对外筹资的动力以外，企业管理的其他维度也可能被认为完全适用于现代公益组织。2016年9月24日在深圳举办的第五届中国慈善项目展示会上，一场由北京某大型企业基金会组织策划的关于"公益市场化"主题的公开辩论甚至直接以"市场化是否是解决低效公益的灵丹妙药？"为辩题，公益组织工作效率低下似乎已经成为各界公认的一个事实，而企业化和市场化则在潜意识当中被认为是解决公益组织效率问题的有效途径之一。由此，按照企业组织的一整套管理模式就能打造出一个优秀的公益机构（包括基金会），似乎也就变成了顺理成章的行业共识。例如，深圳壹基金公益基金会理事长马蔚华先生在2014年年初上任伊始便提出要将现代企业制度应用于公益机构的组织管理，并基于其自身商业银行前行长的从业经历积极尝试把银行业已经非常成熟的"客户经理"服务模式移植到壹基金机构内部。2014年全国两会期间，马蔚华理事长接受《中国经济周刊》记者采访时明确表示，用管企业的方法来管理基金会，可以使基金会的管理效率更高，既让捐赠者满意也会让用款者提高善款使用效率，而有关其着力倡导推动的"客户经理"模式马蔚华对记者谈道：

"所谓的客户经理制，好比是募款是拉存款，那么花钱就像放贷款。募款方式可通过买机票筹、也可通过信用卡渠道，还有的可以通过微信等网上手段筹款，而用款方则和 NGO 一块合理运用善款、构建公信力等，虽然这有点难，但完全可以一试。"

无独有偶，2016 年 7 月 26 日在中国人民大学公益创新研究院成立大会上，一位来自南方的某大型资助型基金会秘书长在会议发言中谈到其机构在将企业化管理模式运用于基金会机构运营方面的探索与思考时也说道：

"我们的张理事长，虽然他现在已经退休了，但是他以前作为非常成功的商业集团的董事长，他要求基金会要实行企业化的管理。……他认为现代企业的机构、制度、人才和文化四个维度的基本管理框架应该是可以完全应用于现代公益组织，这个对我们整个机构的管理思维形成了很大的冲击和推动力。他一直在说我们基金会缺乏狼性，缺乏进取精神，缺乏工作效率，对我们是有很多批评的。当然这里面也涉及文化的契合……特别是在我们的激励机制、用于激励的资源有限的前提下，靠什么来激励你的团队去进取，这在某些层面上可能是情怀，某些层面上可能需要更好的制度和更多资源的投入……"

从上述基金会秘书长发言内容及深圳壹基金案例来看，市场相关机制（尤其是企业化管理框架）正是凭借企业家群体在基金会理事会中的重要任职得以嵌入到基金会组织运作管理之中,其在给基金会运行发展带来一定文化冲击的同时,也推动基金会朝着企业化运营的方向不断反思和改进机构的管理模式。

如果说以机构企业化运营模式植入为表征的市场机制作用在不同基金会之间仍可能存在较大机构差异的话,那么基金会组织场域内部对市场思维和市场话语的整体无意识崇拜与信仰则更能够有力地证明市场化逻辑在公益基金会领域的深刻影响。犹如前文有关市场化逻辑嵌入基金会场域具体路径的分析,当市场和商业机制已然成为当前中国社会的主导性逻辑之一时,市场化思维向多元社会领域的渗透式蔓延也就不足为奇,而基金会行业就是进行市场话语引用与商业思维学习最主要的社会领域之一。2016年7月底,笔者在北京参加了一场中国非公募基金会发展论坛秘书处组织举办的基金会行业内部交流活动,整个活动交流基本上围绕基金会应该如何定位自己的工作领域主题展开。活动首先由主办方专门邀请的一位来自广东的某大型企业基金会副秘书长进行主题发言,重点介绍基金会自2009年注册成立以来的工作探索过程。在发言的一开始,该基金会副秘书长直接以自己刚进入基金会领域工作时遇到的困惑作为开头:

> "刚入行的时候我的一个困惑在于:给我们捐款的出资人为什么要成立一个基金会、要聘一批人、给他们发工资让他们去帮忙花钱呢?……在商业领域有投资公司,基金会跟投资公司有什么相同的地方吗?在我们基金会成立不久的时候,我们理事长就带队去走访了我们母公司系统内的投资公司,去了解他们是怎么花钱的,看他们是怎么投资项目的?他们有什么我们可以学习的地方?我们是基金会,他们是基金,我有很长一段时间对基金会和基金是分不清楚的,似乎我们名字都差不多,我们的区别到底在哪?"

可以看到，在基金会成立之初尚未形成对机构工作方向明确认知和定位的情况下，商业领域的投资公司自动成为该基金会学习模仿的对象。产生这种直接向企业进行参照学习行动的原因，某种程度上可能在于基金会本身与企业集团作为基金会发起者之间联络沟通的便利性，不过笔者更愿意相信真正促使这种捷径式模仿学习的动力更在于基金会理事会及其工作团队成员对商业组织运营模式的无意识认同和信仰。DiMaggio 和 Powell（1983）提出的组织制度同型"模仿机制"认为，当新创立的组织面对环境不确定及目标不清晰境况时，其往往会向占据较高社会合法性地位的其他组织行动者进行模仿学习。很显然，在该基金会案例中，商业投资公司成为其眼中享有较高社会合法性的组织类型。

在上述同一场活动的主题演讲结束后，进入到圆桌讨论环节，所有参加交流活动的基金会代表进一步围绕基金会的工作定位与行业分工合作问题展开了热烈的讨论。一位来自北京的基金会代表通过将公益行业和商业领域进行类比的方式阐述了他关于基金会行业分工发展的观点：

"我想说的是公益行业是可以和商业领域做对比的，那么这个商业领域自中国改革开放以来发展的 30 多年，我们看到在商业领域当中这个分工是很细的，有做生产的、有做设计的、有做金融的、有做培训、有做咨询。回过头看我们的公益行业，更普遍的情况是一个机构什么都在做，我觉得很多时候是没有必要的，什么东西都你自己去做是因为行业当中的分工还不够细……"

在此，笔者无意于完全否定公益基金会行业发展需要有行业分工的观点。通过对上述基金会行业交流活动现场发言的一系列引用，笔者试图呈现的乃是市场话语和商业思维在当前基金会领域的"文化霸权式"影响。在这种文化霸权式影响之下，基金会行业的发展似乎只能向市场部门及商业组织进行学习和借鉴，而不存在其他任何不同的可能性。更重要的是，基于这种文化霸权式影响，在我国尚处于初级发展阶段并且严重缺乏文化主体性的公益基金会行业似乎极其容易产生相对于商业部门组织的自我矮化与集体自卑感。一旦以商业部门组织的机构运作逻辑作为衡量不同类型组织运行效能的唯一标准，那么商业组织也就自然被认为具有相较于任何其他组织类型的天然优越性。比如，在笔者与一位国内资助型基金会项目主管进行的一次深度交流访谈中，受访者将包括基金会在内的非营利组织总体与商业组织的运行效能进行对比：

"对于组织的运营管理这一块，不管你是非营利组织还是商业组织，很多从内核其实是一个道理。你非营利组织也是一家组织，你组织怎么去运作、怎么去管理，包括你传播也好或什么也好，那你非营利组织是没有很好的计划的，因为你非营利组织实际上没有经过这种（市场的）进化。所以，我就说社会组织还没有经过像市场组织那样的演化，本身就存在很多天然的缺陷，而且这个领域很多人是因为追求自我价值、要实现某个个人抱负这样的原因加入进来，那他都没有在商业领域里面真正干过，就像你刚从学校一毕业出来，实际上你的职业训练都是没有完成的……"

很明显，在上述基金会项目负责人的眼中，商业机构在传播与组织管理等方面的运行机制因为经历了"市场进化"而自动获得了优于非营利组织的地位。此外，他认为即使是带着价值理念和个人情怀抱负加入非营利组织，也应该以商业领域的职业模式来开展工作。但是，笔者在此要提醒的是，即便完全从组织运营管理的角度，非营利组织也应该有自身区别于商业组织的某些独特属性。以公共传播为例，除了组织资源获取导向的传播之外，非营利组织（尤其是对于大量草根公益机构而言）的对外传播工作或许更需要着重考虑的是其在社会公众的动员和参与以及特定价值理念公共倡导等方面的影响力，而这种影响力传播的策略与基于资源导向的企业组织营销传播工作显然存在着不同。

事实上,尤其是在将草根公益机构与商业企业进行组织运行效能的优劣对比之时,大多数论者更多的只是在组织发展的资源动员这一维度上加以比较,却基本忽略了两种不同类型组织在机构使命和目标愿景方面的差异。在资源动员能力及动员策略维度的比较上,一个常常被用来证明商业组织之于 NGO 优越性的更形象化概念是市场领域的"产品化"一词。"产品"是企业为了赚取利润而制造并在市场上进行销售的物品,商业组织在产品化方面的优势表现在其往往能够针对特定的市场消费者群体开发设计出不同的产品,从而迎合不同类型消费者的需求并获得盈利。在笔者对一位基金会行业平台组织负责人所做的访谈中,产品化能力被用来对 NGO 与商业组织进行比较:

> "你会发现 NGO 和企业组织有个相当大的不同,就是企业瞄准的需求都特别的小,都是很小很具体的,……因为这个具体的问题它就能设计出相应的产品,它是生活当中某个具体环境中的小问题。而我们的 NGO 尝试解决的问题都太大,因此导致你没有办法去解决。比如说,你要解决农村留守儿童的城乡教育差距问题,或者教育不公平的问题,或是批判性思维教育不够的问题,等等,对这些问题你是没有解决方案的,就是你没有办法形成一个可以产品化的解决方案。因此,大部分的公益组织它没有一个可复制的产品。所以你看现在很多 NGO 当中,能设计出产品的都是迅速脱颖而出。比如歌路营,它设计出了'一千零一夜'这个公益产品,所以它就不停地出现各种机会,钱就不停地支持它呀,它根本不缺钱。另外,它自己也去创建那个公募筹款活动,因为它有一个清晰化的、公众能够理解的、又能解决某个时间点具体问题的一个产品,所以它就出来了。……所以这些是脱颖而出的,这些人就容易获得市场的,就是公众的信赖,然后也能获得更多基金会的资助。"

可以看到,市场领域的"产品化"概念被直接套用到非营利组织身上,并以此作为衡量非营利机构组织能力的核心指标。但是,为上述观点表达所忽略的是,如果完全按照企业产品设计思维,非营利组织工作开展事实上将很容易变成以外部捐赠人或资金资助者为导向,而理应作为机构核心"顾客"的服务对象却存在被忽视的风险。

三、小结

在上一章有关我国资助型基金会组织社群兴起发展背景及其场域建构形成过程考察的基础上,本章重点围绕市场化逻辑影响嵌入基金会组织场域内部的多元路径及其具体表现形式分别加以检验和呈现。其中,企业和企业家群体在参与基金会组织发起创办及介入基金会机构运作管理中的重要角色构成市场化逻辑得以嵌入基金会场域的一条关键通道,同时市场机制在当前中国社会所获得的普遍"合法性"对基金会组织场域内部的市场相关要素输入形成进一步强化效应。与市场化逻辑嵌入资助型基金会组织场域的以上路径形成对应,其在基金会场域内部的具体影响也大致表现在基金会组织日常管理运营和基金会行业整体话语思维两个层面。总体来看,众多资助型基金会决策者与管理人员表现出对市场机制及商业力量的无意识认同和信仰,由此构成基金会将市场相关要素植入其对外资助实践并对一线非营利组织运行发展产生直接影响的基础。

第六章 基金会资助实践中的
市场要素植入：两个案例

在基金会本身的组织运作及其行业发展受到市场化逻辑深刻影响的背景下，接受基金会资助的民间非营利机构也必然相应地被笼罩在这套市场话语及其思维体系的形塑之下。基于上一章针对基金会组织场域内部市场化逻辑嵌入影响的检验呈现，本章将进而通过基金会对外资助实践的考察，详细展现市场相关要素是如何植入到基金会具体项目资助行动当中，并对一线非营利组织的运行发展产生直接形塑式影响。

需要说明的是，本章有关基金会对外资助行动的经验考察将通过一种被称为"公益创投"（Venture Philanthropy）的基金会项目资助实践加以展开。事实上，甚至早于我国本土资助型基金会社群的兴起和出现，二十世纪九十年代发端于美国的"公益创投"资助理念经过部分在华跨国公司的运作推动于2006年即被率先介绍进入中国。顾名思义，公益创投就是通过借鉴商业风险投资领域的相关操作经验，积极应用到针对一线非营利机构的资助行动当中。与单纯向非营利组织提供项目资金支持的传统基金会资助形式相比，公益创投资助模式特别强调对受资助公益机构在组织能力方面的建设和培育扶持，旨在帮助推动公益组织机构效能的有力提升（Letts & Ryan 2003）。随着2008年以来我国资助型基金会群体的兴起和发展，公益创投理念逐渐植入到本土公益基金会的资助行动当中。相关公益基金会开展的资助项目有的直接就是在公益创投的理念指导下进行开发设计,其他一些基金会实施的资助项目虽然没有明确提出公益创投的价值理念,但在实际资助操作过程中基本完全按照公益创投的模式执行。[①] 基金会资助者通常认为受资助非营利组织普遍存在机构能力不足的问题,因此在为社会组织提供机构发展资金支持的同时,往往会设计相应的组织能力建设模块,并在能力建设过程中强调对市场领域企业发展及商业创业经验的引入和借鉴。基于这样的行业观察,本章针对基金会资助实践的经验研究将以两个典型基金会公益创投资助项目为案例,结合田野观察及大量二手资料的分析,详细呈现本土基金会公益创投实践对一线非营利组织运行发展的潜在引导性影响。在正式进入研究案例的考察呈现之前,以下笔者尝试先就全球范围内公益创投资助理念与运行模式的兴起背景及其被引入中国资助型基金会组织场域的具体过程进一步加以介绍。

一、公益创投的全球视野与中国经验

普遍认为,公益创投(Venture Philanthropy)的资助理念及相关实践起源于二十世纪八九十年代的美国非营利实务界。从那时起,一些公益基金会开始探索将商业风险投资模式与基金会资助行为进

---

① 关于公益创投模式对目前国内基金会资助领域的影响,有一个小故事可以从侧面加以说明。2016年12月,笔者应国内公益慈善领域某公共平台邀请,为其策划的公益创投月度专题撰写了一篇以"海外关于公益创投的若干争论"为题的评论短文,重点从批评与争论的角度对海外基金会公益创投领域的发展进程进行了介绍。而在同一期专题中还有一篇由国内某高校青年学者撰写的介绍海外基金会公益创投正面经验的文章。从两篇文章的网络阅读点击数量来看,另一篇文章的点击率是笔者文章的将近三倍。后续更有多家国内资助型基金会通过各种渠道与该篇文章的作者取得联系,希望能够进一步向其请教学习海外基金会在公益创投式资助方面的优秀经验,可见国内基金会资助领域对公益创投模式的热衷度。

行结合。① 1997 年，哈佛大学肯尼迪政府学院青年学者 Letts 与合作者在《哈佛商业评论》上发表《美德资本：基金会能向风投资本家学习什么？》一文，被认为是第一份有关基金会公益创投的正式宣言（manifesto）。在该文中，Letts 等人对基金会传统项目式资助模式提出批评，认为大量针对非营利机构的基金会小规模项目资助最终产生的社会影响力非常有限并且前景不明，其根源在于基金会对受资助非营利组织的机构能力未给予足够关注，进而导致大量一线非营利组织通常只有较好的项目设计能力，却没有真正推动社会问题系统有效解决的能力。研究者进而建议基金会应该向市场商业风险投资进行学习，通过借鉴商业投资领域的风险管理（risk management）、绩效评估（performance measurement）、参与式资助（closeness of relationship）、大规模投入（amount of funding）、长期持续支持（length of relationship）及退出机制（exit strategy）等操作策略，以提升基金会对一线非营利组织资助的整体效能（Letts et al, 1997）。

在 Letts 等人发表上述宣言式文章的同时，正值美国公益创投实践逐渐进入快速发展的高峰阶段。随着二十世纪九十年代互联网经济在美国的异军突起，一些在新技术产业及新经济条件下迅速成长起来的财富新贵已经不再满足于传统签支票式的慈善捐赠，而希望对自己所支持资助的公益慈善事业有更深度的参与和介入（Moody, 2008）。二十世纪九十年代末的最后几年，美国国内在很短的时间内迅速涌现了数十个以公益创投模式进行资助操作的公益基金组织（Marino Institute, 2001）。而在美国基金会早期经验探索的基础上，公益创投的理念与实践也很快传播扩散到世界其他国家和地区。比如，欧洲公益创投在二十一世纪初快速

---

① 美国半岛社区基金会（Peninsula Community Foundation），现美国硅谷社区基金会（Silicon Valley Community Foundation）的前身，被认为是真正意义上现代公益创投概念的最早发源地，在 1984 年机构年报中该基金会首次提到以"高度参与式取向"（high engagement philanthropy）为特征的公益创投资助理念（参见：Gemelli, 2009：1606）。

发展起来，2004年成立的"欧洲公益创投协会"（European Venture Philanthropy Association, EVPN）逐渐发展成为欧洲公益创投领域的最重要推动机构（John, 2006）。与此同时，2006年前后公益创投模式也开始逐渐进入一些亚洲国家行动者的视野，随后"亚洲公益创投网络"（Asian Venture Philanthropy Network, AVPN）也在2010年宣告建立。

随着公益创投资助理念的不断扩散，有关公益创投的相关操作标准也在创投实践者内部逐渐形成一定的基本共识。例如，Letts等人（1997）提出六条值得基金会资助领域借鉴学习的商业风投实践经验，分别是对投资风险的有效管理、强调绩效评估与测量、对投资对象的高度介入和参与、大额资助资金投入、长期的持续支持及相应的退出机制，而在所有这些经验措施背后的一个共同目标是帮助受资助对象实现整体组织能力的提升。早期附属于美国半岛社区基金会的"公益创投中心"（Center for Venture Philanthropy, 2004）基于其多年的创投实践，也提出了公益创投的五个核心操作要点，包括致力于社会变革的长期资源投入、建立与受资助对象之间的伙伴关系、结果导向的问责考核策略、资金之外的专业技能支持以及合理的退出策略机制。此外，欧洲公益创投协会（EVPA）对公益创投模式的概念界定也总体包括六大基本要素，分别是高度参与式介入、持续多年的投入支持、量身定制的资金支持方案、组织能力建设培育、非资金支持和绩效考核测量（John, 2006）。

不过，尽管有上述共识性操作界定，公益创投领域在过去二十多年的发展过程中其具体实践模式事实上也发生了比较大的调整和变化。如前文介绍，作为有关公益创投理念的开山之作，很明显Letts等人的文章主要针对的是公益基金会的传统项目式资助，他们对传统基金会资助模式的批评主要集中在其缺乏对受资助非营利组织机构能力的关注。因此，针对资助对象进行组织能力建设（organizational capacity building）成为早期美国公益创投领域最核心的实践模块之一（Arrillaga & David, 2005; Moody, 2008）。同时加上高度参与式资助（high-engagement grantmaking）和绩效考核评估（performance measurement），被认为共同构成了公益创投的三大核心要件（Kramer，2002）。然而，上述公益创投理念及相关行动要素在付诸实践的一开始就遭遇到来自多方面的挑战和批评，包括资助者在参与和介入受资助机构实际工作过程的权力关系问题（Sievers，1997；Carlson，2000；Frumkin，2003），资助者本身是否有能力为受资助对象进行能力建设的挑战（Marino Institute，2001；Shakely，2003），以及对受资助非营利组织进行绩效考核评估的有效性问题（Sievers，1997；Frumkin，2003），等等。① 也正是基于这样的批评与挑战，美国公益创投实践领域在经历了二十世纪九十年代末的快速扩张之后，于新世纪初逐渐陷入停滞状况。相关资料显示，从2001年到2004年，美国主要公益创投机构数量并没有出现明显增加（Marino Institute，2001；Arrillaga & David，2005）。与此同时，尽管公益创投概念在二十世纪九十年代的美国公益慈善圈曾风行一时，相关资助模式却并未在大量老牌公益基金会的对外资助实践中被吸收和采纳，多数公益创投机构其实都是九十年代末新创立的公益基金，并且公益创投所使用的资金规模在美国基金会领域的整体资助支出中也只占据极少的比例（Arrillaga & David，2005）。有学者分析认为，美国公益创投领域在二十一世纪初互联网经济泡沫破裂的背景下其实已经开始进入了实质性的衰退期（Moody，2008）。随着2007年前后"影响力投资"②（Impact Investment）概念的出现，公益创投呈现出逐渐被后者取代的趋势（Moskowitz，2015）。从目前全球范围内公益创投领域的整体发展态势来看，尽管欧

---

① 针对海外有关公益创投资助模式各种争论的总结和梳理，可参见笔者2017年在《中国社会组织》杂志发表的《海外关于公益创投的若干争论》一文。

② 2007年，美国洛克菲勒基金会召集全球金融界和慈善界的领军人物在意大利布拉吉奥中心召开会议，探讨如何在全球范围内推动建立能够产生社会和环境影响力的投资行业问题，"影响力投资"的概念由此正式进入公众讨论。与仍然属于基金会资助范畴的公益创投不同，影响力投资概念已经明显具有更多的商业投资成分，只不过其强调在商业投资过程中同时追求商业利润和社会影响力双重效应（Moskowitz，2015）。

洲和亚洲地区的公益创投热潮似乎仍然方兴未艾，但是这种公益创投发展已经明显表现出以影响力投资为其内核，而不是传统意义上的基金会公益创投资助。以欧洲公益创投领域的实践为例，其参与创投的主体已经不是以传统形式的公益基金会为主，而更多地是商业性的私募股本（private equity）和风投资本（venture capital），公益创投资金主要投向的目标对象也是具有商业性质的社会企业和一些具有一定社会目标的商业组织（统称"社会目的组织"，Social Purpose Organizations），而非传统意义上的非营利机构，这一特点也被认为是欧洲公益创投发展与美国实践的主要不同（John, 2006；Buckland et al, 2013）。总体上，作为一种对传统基金会项目式资助的替代性资助模式，早期起源于美国的基金会公益创投实践已经不再是该领域的主流。

伴随其在全球范围内的理念传播与模式扩散，公益创投概念大约在2006年前后被引入中国。有趣的是，率先将公益创投理念介绍进入国内的并不是传统意义上的非营利机构，而是以麦肯锡为首的几家大型跨国商业组织。根据笔者收集到的多种研究资料交叉验证显示[①]，麦肯锡咨询公司曾在2006年上半年对中国数百家草根公益机构展开调研，调研结果认为中国非营利部门发展面临着三个方面的挑战，分别是缺乏具有公信力的产业标准、缺乏专业管理技能支持以及缺乏针对公益组织能力建设的资金。基于上述调研结论，麦肯锡联合德勤会计师事务所等其他六家跨国公司及中国青少年发展基金会和中国扶贫基金会两家国内公益机构于2006年底共同发起旨在为我国一线非营利组织提供资金和技术支持的"公益伙伴"（Non-Profit Partners）创投机构，并在2007年12月与中国红十字基金会合作设立"NPP公益创投基金"。在随后几年的发展过程中，NPP为多家中国非营利组织提供资金和专业技术服务支持，

---

① 这些资料包括网络信息报道、相关机构的工作年报及一些行业活动的嘉宾现场发言内容等。

其中就包括处于创办初期的南都公益基金会。NPP 公益创投基金目前已经停止运作，不过时任麦肯锡咨询公司独立顾问并作为 NPP 早期核心发起人之一的程玉女士却从为初创期南都基金会提供咨询服务开始，逐渐深度参与到基金会的各项实际工作中。① 根据南都基金会官方网站有关其理事会构成运作的相关信息显示，程玉在 2008 年 2 月份召开的南都基金会第一届理事会第三次会议上被增补为基金会理事，并在 2010 年 12 月召开的基金会第一届理事会第十一次会议上出任基金会秘书长，此后又因为机构内部人事变动在 2014 年 9 月再次兼任基金会秘书长一职，目前仍为基金会副理事长。因此，可以说程玉女士在南都基金会成立至今十几年的发展过程中一直扮演了极其重要的角色，尤其是在 2009 年底主持推动机构战略转型②并于 2010 年底出任基金会秘书长后，基金会的几大核心资助项目均是在程玉女士的秘书长任期内设计推出。伴随程玉对南都基金会机构运作的深度介入和参与，公益创投资助理念也被自动带入到基金会的相关资助实践中。2017 年，时任南都基金会项目总监刘晓雪女士在基金会资助支持下撰写出版了《散财有道：南都公益基金会公益风险投资的理念与实践探索》一书，对机构多年来的公益创投式资助经验进行了系统总结和梳理。

鉴于公益创投理念与我国本土资助型基金会组织场域内部市场化逻辑影响的契合，相关资助模式也得以迅速在国内各大基金会对外资助行

---

① 关于程玉女士如何参与南都公益基金会工作的具体过程，南都基金会荣誉理事长徐永光在 2007 年 6 月召开的基金会第一届理事会第一次会议上所做的《关于南都基金会筹备情况的报告》发言中（参见 http://www.naradafoundation.org/Uploads/editor/20140909/14102550261846.pdf，2007 年 6 月 29 日），及 2017 年年初为《散财有道：南都公益基金会公益风险投资的理念与实践探索》一书撰写的序言中均有专门介绍。

② 根据南都公益基金会《关于 2009 年工作和 2010 年计划的报告》内容显示，程玉和基金会当时另外一位核心理事（中国人民大学公共管理学院康晓光教授）承担了机构在 2009 年下半年战略调整规划的主要工作，并且《南都基金会战略规划报告》也主要由程玉负责起草。参见南都公益基金会《关于 2009 年工作和 2010 年计划的报告》，第 37 页，http://www.naradafoundation.org/Uploads/editor/20140909/141025970852.pdf，2010 年 4 月 12 日。

动中被复制和推广。继南都基金会之后，国内明确以公益创投理念和模式进行非营利组织资助工作的另一家大型基金会是爱佑慈善基金会，该机构在2013年推出"爱佑益＋"公益创投项目，旨在"搜寻有潜在巨大社会影响力的社会企业和公益组织，依托爱佑多年来积累的经验和资源，为其提供资金支持、资源拓展、战略指导、管理（人力资源、财务和IT）辅导、品牌活动等多方面支持"①。与此同时，公益创投理念对其他基金会的相关资助项目也呈现出不同程度的影响，如北京市企业家环保基金会（阿拉善SEE基金会）从2012年底开始实施的针对中国环保公益行业发展进行支持的"劲草同行"和"创绿家"资助计划，深圳壹基金公益基金会于2015年推出的"我能实验室"公益创新平台，北京险峰公益基金会从2017年开始举办"险峰行动"公益机构能力大赛等，而包括阿里巴巴公益基金会、北京亿方公益基金会、浙江敦和慈善基金会等在内的众多资助机构也纷纷提出要以公益创投的模式开展其对非营利组织的资助工作。② 此外，与全球范围内公益创投实践正在向社会影响力投资转型的趋势一致，国内公益创投领域的发展后续也逐渐呈现出与社会价值投资和影响力投资的合流之势。2014年，以南都基金会为首的14家公益基金会及3家其他相关机构联合发起"中国社会企业与社会投资论坛（联盟）"；2016年，友成企业家扶贫基金会联合50多

---

① 爱佑慈善基金会官方网站，http://www.ayfoundation.org/ayxm/ayyjxm/xmgc/index.shtml。

② 除了在基金会资助实践领域的实质性影响，目前我国国内公益创投热的另外两个重要推动者分别是政府和企业。在政府方面，上海市民政局2009年在恩派非营利组织发展中心的支持下以公益创投大赛的模式对社区服务组织进行资助，此后这种政府公益创投形式迅速扩散到其他地区，呈现全国遍地开花之势（李健等，2014），公益创投概念甚至在2014年底被写进了国务院出台的《关于促进慈善事业健康发展的指导意见》中。企业方面，也是在恩派非营利组织发展中心协助下，联想集团最早在2007年创立"联想公益创投基金"，同样以类似公益创业大赛的形式支持草根公益组织发展，其后这种模式被大量相关企业借鉴使用（冯元等，2013）。不过，笔者以为，政府和企业的相关资助实践更多的只是对公益创投话语的借用，其本质上分别只是政府购买服务和企业社会责任的变种而已，因此在本书中不予过多关注。

家相关机构在深圳发起成立"中国社会价值投资联盟"。

尽管全球公益创投领域正在经历从基金会资助到社会影响力投资的重大转变,并且中国内地公益创投的发展同样呈现出纷繁复杂的局面,本书关于我国本土公益基金会对外资助实践中的市场要素植入考察仍然希望专注于作为一种非营利"资助模式"的公益创投,而对以非营利机构为对象的"社会投资"形式的基金会公益创投实践不予关注①,这样的操作策略将有助于使本书的分析考察更加聚焦。以下笔者将以两家国内资助型基金会的典型公益创投项目为案例,围绕市场相关要素植入基金会资助实践的具体过程展开详细考察呈现。研究选择的两个典型案例基本上是目前国内资金投入规模较大、资助操作较为系统并且行业影响广泛的基金会公益创投资助项目,经过持续多年在资助操作模式上的探索,其各自也已经逐渐成为国内其他相关公益基金会模仿和学习的标杆。

二、案例一:A 慈善基金会"公益加油站"创投项目

A 基金会公益创投项目由 A 慈善基金会于 2013 年 6 月推出,2014 年被正式定名为"公益加油站"创投项目。从 A 慈善基金会官方网站上对"公益加油站"项目给出的正式介绍来看,该项目基本上按照海外公益创投的理念和模式进行开发设计,其有关"高参与度、量身定做的资金支持、长期支持、组织能力建设、资源平台作用及绩效评估"的项目

---

① 关于基金会"资助式"与"投资式"公益创投实践之间的差别,最简单的区分在于两种创投形式中基金会是否进行投资成本回收,甚至获得一定的利润回报。比如,北京乐平公益基金会探索的以贷款、入股等多种形式支持国内社会企业的发展,这就是典型的"投资式"公益创投。对于此类基金会创投实践,本书也不具体关注涉及。

核心特征表述更是直接来自对欧洲公益创投协会（EVPA）公益创投概念的参考借鉴。而在具体资助策略上，根据受资助机构所处发展阶段的不同，A 基金会公益创投项目将资助对象分为"公益加油站"伙伴和"公益创客"伙伴两种类型，分别针对较成熟机构和初创期组织给予三年总值 100 万元和 30 万元的非限定性资金支持。从 2013 年项目推出至 2016 年年底，在短短 4 年时间内 A 基金会总共遴选资助了 100 家一线公益组织，其中"公益加油站"伙伴机构 54 家，"公益创客"伙伴机构 46 家，覆盖了教育、环保、医疗健康、社会服务、行业支持、扶贫发展、动物保护及文化艺术等八大工作领域的 90 多个子议题，预计项目资助支出总额超过 6500 万。

　　A 基金会提出，其发起"公益加油站"项目的初衷是希望寻找具有潜在巨大社会影响力的公益组织，依托基金会自身经过多年积累形成的经验和资源，通过把 A 基金会的理念和经验输出给民间公益机构，帮助更多公益组织获得更快更好的发展。而这里的"经验输出"则是建立在 A 基金会 2013 年以前机构自身在儿童救助工作领域长期探索积累的基础之上。在正式推出"公益加油站"公益创投项目前，A 慈善基金会已经走过将近十年的发展历程，只是其早期工作并不以非营利组织资助为方向。A 基金会的前身是于 2004 年底注册成立的北京 H 慈善基金会，由一批企业家积极响应新颁布实施的《基金会管理条例》号召在北京联合发起。基金会早期关注的核心工作领域是儿童先天性心脏病医疗救助，于 2006 年设立以"A 童心"命名的救助项目。该项目在机构后续发展过程中逐渐成为基金会的品牌项目，以至于 2008 年 H 慈善基金会由地方性慈善组织转注册为全国性公益基金会时直接将机构名称改为 A 慈善基金会。此后，A 基金会又在 2011 年至 2012 年期间先后推出了分别针对白血病患儿、病患孤儿及残障儿童进行救助的"A 天使""A 新生"和"A 和康"三个项目，与早期的"A 童心"项目一起构成基金会孤贫儿童救助工作的四大核心板块。① 根据基金会官方数据统计，截至 2016 年底，A 慈善基金会累计在全国范围内救助孤贫儿童近 5 万名，拥有两个全球同类规模最大的孤贫儿童医疗救助项目，并建立了国内首个全国性儿童先天性心脏病数据库。凭借其各方面工作的突出表现，A 基金会也获得了无数荣誉，包括曾连续多次获得由国家民政部颁发的中国公益慈善领域最高奖项"中华慈善奖"。

正是基于机构自身在儿童救助工作领域所取得的上述成绩，A 基金会希望通过公益创投资助模式把自身机构的价值理念和管理经验输出给其他更多的民间公益组织，以期"在各行各业培养更多的'小 A'"②。而在孤贫儿童救助工作的长期探索过程中，A 基金会认为其积累起来的最重要经验和最大优势是：在企业家精神的指引下，"实行企业化管理，始终坚持专业化、规范化、职业化、国际化，追求高效、透明以及慈善效果可度量"。事实上，正如上一章有关基金会组织场域内部市场化逻辑嵌入路径的考察所呈现，这种对机构企业化运营管理模式的积极实践与高度认可很大程度上来源于基金会最高决策及管理层的企业家背景。从机构理事会治理结构来看，A 基金会早期核心创始人之一、并长期担任基金会理事长的 W 先生是中国证券投资行业的重量级人物，而基金会理事会其他十几位理事成员也大部分为中国（包括香港）商界各个领域的领军人物，包括国内互联网公司几大巨头腾讯公司董事会主席兼首席执行官马化腾、百度公司董事长兼首席执行官李彦宏及新浪集团董事长兼首席执行官曹国伟等。由此，可以说公益创投式资助理念与基金会能够形成较好的适配性。2016 年 11 月 29 日，在上海举办的一场行业峰会上，时任 A 慈善基金会理事长 W 先生以公益加油站创投项目的实践进

---

① 2016 年，A 基金会又发起推出了针对重大疾病儿童实施医疗救助的"A 晨星"和针对困境儿童进行救助的"A 安生"两个新项目。

② 2017 年年初，A 基金会理事长 W 先生在为公益加油站创投项目所写的项目年度招募寄语中提到"成立公益加油站创投的初衷就是希望在各行各业培养更多的'小 A'"。

| 中国社会组织发展研究的市场维度

行分享：

"中国的公益慈善事业面临时间比较短、资源比较少、人才相对比较缺乏等问题。根据美国的经验，实际上慈善的发展主要是要靠跨界，要靠商业的力量进入到慈善领域当中。如何在慈善和商业之间搭建一个桥梁？能让商业领域的那些企业家精神、创始人、文化、愿景、使命、流程管理、新的管理模式和资源融合到慈善领域当中？这是我们要思考的一个问题。……A慈善基金会的公益创投项目已经能让世界上最高市值的银行跟民间NGO去对接了，而且这个钱是用在了培养机构的创始人、CEO上。这里面我觉得我们的责任更大，我们如何把这些资源更有效地进行整合，如何把这个钱用在刀刃上，如何把这些钱帮助更多的生态链弱小的机构成长。"

基于机构负责人对公益慈善事业发展的上述理解及其组织自身的工作探索与经验总结，A慈善基金会公益创投资助的实践过程自然也表现出强烈的市场和商业模式植入。那么，A基金会的公益创投式资助具体又是如何进行市场和商业模式引入的呢？根据海外基金会公益创投概念的早期界定，公益创投资助模式区别于传统基金会资助的核心要素除了给予非营利组织充分的非限定性资金支持外，更重要的还在于其强调通过对受资助机构进行能力建设以达到提升非营利机构组织能力的目标。按照类似的操作模式，A基金会公益创投项目在资金支持以外也精心设计了针对公益机构进行组织能力建设和培育的模块。2015年至2016年，受摩根大通集团资助①，A慈善基金会公益创投项目进行了三期针对受

---

① 由此可见，即使是由企业家群体发起创办的民间背景非公募基金会，其相关工作的开展也需要通过对外进行定向筹资以获得资源支持。

资助一线公益机构的跨界培训活动。虽然三次培训围绕的具体主题内容有所差异，但基本上都强调要通过为非营利组织引入商业思维以拓宽公益机构从业人员的社会视野，其邀请的讲者也多以商业公司负责人和商学院教授为主。根据 A 基金会公益创投项目三次能力建设活动的具体培训内容及培训师资情况，笔者尝试进行资料收集梳理，结果如表 6.1 所示。

表 6.1 "公益加油站"创投项目能力建设培训内容与师资情况

培训时间	培训内容	主讲嘉宾
2015 年 9 月	商业与互联网 商业创业前沿 商业管理实践 企业战略管理 品牌传播	A 慈善基金会理事长 W 先生 小鬼当佳儿童摄影连锁机构董事长宋涛 凯叔讲故事创始人王凯 A 慈善基金会管理顾问 C 先生 奥美集团培训总监项小伟
2016 年 4 月	非营利法务 财务管理 战略定位 品牌宣传 人力资源 组织筹款 设计思维	上海交通大学国际与公共事务学院徐家良教授 对外经济贸易大学国际商学院张新民教授 中欧国际工商学院龚焱教授 罗辑思维 CEO 李天田 RTC 人才发展商学院院长谭智德 香港社会企业总会副会长马锦华 Thought Works 用户体验设计师吴冰
2016 年 12 月	战略制定与创新 跨界战略领导力 商业模式设计 企业经营之本	北大汇丰商学院副院长魏炜教授 中欧国际工商学院陈威如教授 链家自如网 CEO 熊林 学习型组织辅导顾问顾震亚

从表中的能力建设培训内容与主讲嘉宾背景信息可以看到，除了上海交通大学国际与公共事务学院徐家良教授负责讲授的"非营利法务"及香港社会企业总会副会长马锦华先生主讲的"组织筹款"课程与非营利机构发展议题直接相关外，其他讲者的培训讲授内容大部分为企业管理和商业创业主题。如果这张表格不是放在笔者的研究写作中作为分析素材，估计也不会有人怀疑以上是三场纯粹商业培训。

为了对 A 基金会公益创投项目的能力建设培训场景及其实施过程进

行更详细生动的描述，以下笔者尝试引用一位"公益加油站"创投伙伴机构负责人在接受笔者访谈中向笔者介绍的其参加前两次培训活动的具体情形：

"它用资源把大家吸取进来（因为没有资源人家也不会进来），吸取进来以后呢它就开始给大家洗脑，它把商业理念就拿进来了。它给我们这些人培训，全部培训的都是商业经验，就是跨界经验。……比如它请的人，中欧商学院的一个很厉害的老师讲颠覆性创新，就是说传统行业是低阶创新，什么美国的福特汽车，然后丰田又进去了，韩国现代进去了。这些都是传统的，越来越便宜，差不多到头了，结果特斯拉来了一个颠覆性的，就我这个东西跟你那个完全不一样，它有一些什么植入底层代码啊一大堆。它还请了罗辑思维的 CEO，给我们讲罗辑思维的整个运作过程，请那个凯叔讲故事的创始人，都是中欧商学院的商业创业的。然后讲财务的是对外经贸大学的副校长，很厉害的一个人，他就坐在那里，通过看财务报表能看出财务战略，他看了几个公益（机构）的报表觉得'啊，太简单啦，这这这……'，一看那意思就是这样……（笑）。然后人力资源管理，请的是台湾的，都是商业领域的，给你十几个二十几个题，大概六分钟做完，完了以后出一套报告，我天（惊讶状），那报告把人的性格说得清清楚楚，你适合做什么岗位，我们觉得太神奇了。然后他讲面试，这个人面试不知道多少万人了，往那一坐，简直太有经验了是吧。然后讲一大堆，讲招聘还不如培养，招聘那都是假的。……另外，还组织我们去参观腾讯，参观美的。美的讲在现有的互联网时代下我们怎么应对。美的现在可以定制那个家电，你只要达到多少台，比如说七台十台就可以定制，七天之内交货，然后就按照你的思维定制……"

可以看到，A基金会尝试以一套完全市场化和商业化的思维及方法论对其所资助的公益机构进行"改造"，而改造的成果是使公益组织获得更强大的"生命力"。① 那么，这种生命力又是如何体现的呢？2016年5月25日，在由A慈善基金会主办的一场跨界公益论坛上，基金会发布了《"公益加油站"创投项目公益机构评估模型》，该模型是A基金会基于机构自身运作经验并参考国内外主流公益组织能力评估体系，与大型会计师事务所安永公司合作开发的投前、投后比较评估模型，其中"可测量性"在评估模型中被突出强调。比如，在投前资助机构的筛选环节，公益组织的业务规模与机构筹资额的增长潜力成为其中非常重要的考察指标之一。笔者在田野调研期间访谈了一位2016年申请A基金会公益创投项目资助失败的公益机构负责人，该负责人认为其机构经过八九年的发展积累，在国内同类机构中已经享有较高的知名度，理应进入A慈善基金会资助的考虑范围，但是最终没能入选是因为机构开展的针对农村留守儿童的心理援助服务项目无法在短期内实现服务规模翻倍。他将自己机构的工作与另一家成功获得A基金会创投项目资助的机构进行比较：

"歌路营的一千零一夜项目已经覆盖两千个学校，而我们只有十五个，所以真的是没办法。因为我这个项目是心理援助类项目，项目不容易复制。你知道复制越大死得越快，随便出个风险，那我就等于关闭了。我不可能把它做大，这就是很痛苦的事情。你说你单纯捐钱或者素质教育啊、踢球干嘛的，出不了事啊，我这种心理援助类的工作，要是遇上个坏人让孩子去干坏事，那我不是要倒大霉了。所以我要卡得很死，项目做了这么多年，很多年前我们就有

---

① 2015年12月，《福布斯》（中文版）曾以"改造慈善"为封面标题，对A慈善基金会如何用自己的方法论改造更多慈善机构进行专题报道。参见：《BAT等商业巨头：如何用A基金会方法论改造更多慈善机构?》，《福布斯》，2015年12月上。

10个学校了,现在才15个学校。A基金会就是这样把我刷了,他们就是希望有翻倍的增长。"

除了受资助机构筛选环节以外,在投后资助效果的评估方面,公益机构的组织规模与筹款额增长率同样被作为重要指标纳入绩效考核。国内著名环保公益组织"公众环境研究中心"(IPE)是A基金会在公益创投模式指导下资助的第一家机构,作为证明基金会公益创投资助效果的典型代表,经常被A基金会拿来进行对外宣传推广。2016年,时任A基金会公益创投项目总监张小林女士在接受《公益时报》采访时也专门介绍了IPE案例:

"在组织能力建设方面,基金会项目组对IPE的人力资源、财务、IT等几方面进行了全面的诊断,帮助其招聘人力资源总监、财务负责人,搭建人力资源管理和财务部门,并帮助其梳理业务需求,对搭建新数据库和业务系统提供建议。2013年,IPE只有11人的团队,基本只有项目人员,缺乏财务、人力、品牌等岗位,更没有中层管理团队的状况。到2015年其员工数量已达到28人,职能部门基本健全。其收入也从2013年的317万元增加到2015年的1263万元。"

事实上,针对基金会公益创投项目的组织绩效评估,海外公益创投领域从二十世纪八九十年代公益创投资助模式刚刚兴起之时就存在着巨大的争议。批评者认为,与商业组织的绩效考评通常主要以企业利润最大化作为其关键衡量指标不同,基于非营利组织本身工作目标的多元性,其实很难找到一个绝对有效的非营利绩效评估标准。而如果通过向商业企业借鉴学习,过分强调绩效评估的可测量性和数据化,极易造成非营利组织运营的扭曲和变形,产生适得其反的效果(比如常见的捏造数据指标现象等问题）(Sievers, 1997)。北美非营利研究领域重量级学者 Peter Frumkin（2003）在这一点上也表达了同样的关切,他发现一些公益创投基金针对自己的资助投资进行的社会回报（social return on investment, SROI）计算基本上就是沿袭商业领域的"成本—收益分析"（cost-benefit analysis）策略,而并不像其所声称的那样是什么创新性的考核办法。令他感到担忧的是,由于非营利领域进行考评的现实困难,相关绩效考核工作最终只能聚焦在以非营利组织资金收入的增长及组织规模的扩张等指标上,而这显然不是非营利行业长远效能的最好体现。然而,尽管有这样的批评与提醒,正如 A 基金会对其公益创投项目资助效果的评估呈现一样,组织规模与收入增长仍然是大量基金会资助者开展绩效考核的最重要指标之一。笔者以为,这一方面或许是基于组织收入与规模指标测量的简单易操作性,而更重要的是,对于完全以企业和市场思维为指导在非营利领域开展工作的基金会决策管理者而言,似乎也只有组织收入和规模指标能够体现公益机构的影响力。

三、案例二：S 公益基金会 "携手同行" 资助计划

几乎与 A 基金会公益创投项目的推出同时,专注于环境保护工作领域的 S 基金会在 2012 年 12 月发起并从 2013 年开始正式实施"携手同行"资助计划。根据基金会官方网站信息介绍,携手同行项目设计的基本理念是：当前中国环保公益组织数量少、规模小、能力弱,难以对国内日益严峻的环境问题进行有效回应。因此,除了通过提供资金资助以培育出更多新生环境保护社会组织外①,还需要对目前已经有一定发展

---

① 针对初创期环保组织有效培育议题,S 基金会在"携手同行"项目之外同时还专门设计实施了"绿色创想家"资助计划。

基础的环保类公益组织进行重点支持，使其在中国环境问题的推动解决上能够发挥出更大的社会影响力。携手同行项目就是着眼于成长期环保公益组织的发展，通过"辅导和陪伴"组织中的关键人才，协助环保机构应对成长过程中面临的发展瓶颈，促进其在"核心业务沉淀""工作团队专业化"及"资源多元化拓展"等方面形成突破，使其真正发展成为在特定区域或特定议题上具有引领性的核心机构。

虽然 S 基金会机构本身并没有明确提出要以公益创投的理念开展携手同行资助计划，但其在项目实际操作执行过程中却呈现出明显的公益创投式资助特征。一方面，携手同行项目承诺对受资助环保公益机构给予连续三年每年 10 万元的非限定性发展资金支持；另一方面，项目更重要的工作还在于通过为受资助环保机构匹配企业家导师的方式，帮助机构伙伴进行能力建设和培育提升，以促进环保组织更快更好地发展。如果单从资金规模来看，携手同行项目与其他基金会的公益创投资助项目相比对受资助机构的资金支持力度并不算很大。不过，携手同行创投项目不同于一般基金会资助项目的最大特色之处在于其企业家导师对环保组织的陪伴辅导与能力建设支持，这也是笔者认为携手同行项目具有公益创投资助模式核心特征的原因所在。① 而这一企业家导师制度的设计基础则来源于 S 基金会自身独特的机构背景。

S 基金会于 2008 年 12 月在北京注册成立，由社会团体组织 S 生态协会发起创办。S 生态协会本身则成立于 2004 年 6 月，由以北京创业集团前董事长范晓光先生为首的一批企业家，为了治理我国内蒙古地区的土地沙漠化问题发起成立，其会员数量已经由创办发起时的 80 人发展至目前的将近 1000 人，成为国内规模最大的企业家环保组织。早期 S 生态协会主要通过动员企业家参与的方式在内蒙古地区开展荒漠化治理工

---

① 如果说连续三年每年 10 万元非限定性经费支持对于申请项目资助的民间环保公益机构而言具有相当吸引力的话，那么从基金会资助者角度在其项目操作过程中明显更看重的是对环保组织能力建设的参与和投入。

作，但是随着相关工作的深入推进，协会逐渐意识到单纯依靠企业家群体参与并不足以解决中国日益严峻的环境问题，而需要动员更多社会力量一起投入环境问题应对。于是，S生态协会决定在2008年发起成立基金会，致力于环境保护领域各种社会力量的培育和支持。随着2008年底S基金会注册成立，S生态协会与基金会之间逐渐形成分工。其中，S生态协会主要负责企业家会员的发展和维护，并通过向企业家会员收取每年每人10万元会费的方式为基金会提供经费支持。S基金会则主要负责环境保护工作的实际开展，除了早期生态协会关注的荒漠化治理问题，基金会还逐渐将工作领域扩展到生态保护与自然教育、绿色供应链与污染防治及环保公益行业发展等议题上，而携手同行项目就隶属于基金会环保公益行业发展板块。基于S生态协会与基金会之间的密切关系（尤其是基金会很大一部分机构运营经费依赖协会捐赠①），出于协会企业家会员发展和维护的需要，基金会开展的环保公益项目自然也就要承担作为生态协会企业家会员环保参与平台的功能。由此，可以说携手同行项目企业家导师制度设计的动力，部分来自协会企业家会员发展和参与的需要。当然，换一个角度看，S生态协会的企业家资源也使得携手同行创投项目企业家导师制度的设计成为可能。

那么，携手同行创投项目的这种导师制度具体又是如何运作的呢？2017年3月24至26日，笔者有幸受邀参加携手同行项目在广州召开的第五届全国伙伴年会，得以对携手项目的相关操作流程进行近距离地观察和了解。根据携手项目设计，在每家环保组织经过申请评审确定入选携手同行项目资助后，项目工作组会根据导师与环保NGO双方意愿及地理位置的远近，为每家环保公益机构定向匹配至少一名企业家责任导师，由其承担对伙伴机构进行咨询辅导与能力建设的主要责任，同时配

---

① 2014年底，S基金会获得北京市民政部门支持，顺利转注册为具有公开募捐资格的区域性公募基金会。因此，除了S生态协会每年将80%的会费收入用于支持基金会发展外，目前S基金会也自主开展一定的对外公开筹款工作。

备其他公益陪伴导师若干名。在完成伙伴机构与导师之间的配对后，携手项目导师们会在接下来的三年项目资助期内从机构战略梳理与定位、组织能力提升与战略落地以及外部资源链接三个方面重点对项目伙伴机构进行全方位地陪伴辅导和能力支持。通常而言，项目资助的第一年为项目企业家导师对项目伙伴机构进行全面了解和战略诊断的阶段，被称为"量才"阶段。接着在第二年，导师们会根据其各自的专业优势，对项目伙伴机构进行个性化的能力建设辅导，帮助伙伴机构在特定业务方向上实现突破发展，这被称为"育才"阶段。此外，导师的外部资源链接功能也将贯穿于项目资助期的始终，最后帮助伙伴机构顺利"成才"毕业。

由于企业家导师在辅导和支持携手同行项目伙伴机构发展方面发挥着主导作用，这就为基金会资助实践中的市场逻辑与商业思维输入提供了可能的路径。可以想象，当一群在商业创业和企业经营上小有成就的企业家参与到对公益机构的指导工作中时，其原来在商业领域的一整套思维模式和运作方法自然就被移植到公益组织身上。这种以商业经验指导公益机构发展的信心，的确在很大程度上来自于企业家自身在历经市场考验最终取得成功所建立起来的行业自信。例如，一位携手同行项目企业家导师在2015年6月举办的一场以"环境公益创投"为主题的环境资助者沙龙上曾这样表达他对公益组织发展的看法：

> "我一直这么看我们的公益行业，它现在的发展有点类似八十年代初刚刚改革开放时的民营经济和私人企业领域。但不同的是，我们积累的时间确实非常非常短暂。这两年新的公益机构遍地开花，发展非常快，但是毕竟时间这么短，整个行业的发展目前还处于非常初期的阶段。而经济领域已经发展了三十多年，大浪淘沙，一波一波的企业家都慢慢在被淘汰。……每一次淘汰过程都要淘汰一批人或企业，而我们的公益方面可以说根本就没有经历过这些动

荡、周期，并且我们每一个机构发展的时间都很短。"

这位企业家导师是携手同行项目中最活跃、最核心的导师成员之一，其有关以商业思维对公益机构发展进行指导的经验和观点在携手创投项目众多企业家导师中也极具代表性。在携手同行项目官方网站上，一篇由该企业家导师口述的题为《从企业角度说说NGO核心竞争力建立》的文章被作为项目重要参考学习资料标列其中。在该文中，这位企业家导师对公益组织应该如何通过向企业组织学习，以建立自身的市场竞争力进行了全方位的总结思考。比如，关于组织目标定位的确立问题，他在文中写道：

"就企业而言，我想做一个产品，首先要考虑有没有客户想买。对于公益组织来说，就是你想做的事情有没有人认同你的价值，并且愿意捐助支持你，这就是你的客户。你的核心竞争力是真的竞争力，要放到市场上去遛一遛，看看有没有人认可，有没有人愿意并为此买单。如果市场认可，有人支持，捐款人要看交付的服务是不是能够满足他们的期望值。就像是企业交付产品，如果产品好的话是良性循环，如果不好的话就是一锤子买卖。初次的产品一般都是有瑕疵的，但是如果这个瑕疵是在客户可容忍的范围里，并且比竞争对手要好一点，这样的话市场会给你存活时间，让你有机会去改良你的产品，所有产品的研发和提高都是一步步的。"

此外，针对公益组织对外传播问题，该企业家导师同样以企业的行销传播理念进行类比分析：

"接下来是如何行销，如何让客户接受。营销是可以帮助你把定位做得更加精确的手段，但是它只是微调，不可能把白的说成黑的。其实营销的早期阶段是基于对市场的了解,给自己的一个定位。定位好了,你的后台研发才是实现你产品的最根本的手段。当你的定位和你的目标拟定为核心的部分,基于这个核心部分你可以通过营销,再加加减减的把它做成不同外在表现的产品,用于不同的一些分客户的需要。比如说设计衣服,衣服的款式是我的一个核心的东西,但是这个衣服的号码大小你可以把它订出大中小号来,让市场上不同的人选。"

可以看到,通过企业家导师这条影响路径,"客户需求""产品设计""核心竞争力""企业营销"等市场话语和思维模式被直接用来对公益机构进行指导。对于企业家而言,所有这些操作方法确实是他们在市场环境下参与商业竞争的制胜法宝。但是,当用这些模式和方式来指导非营利组织的发展时,却严重忽略了公益机构与商业组织之间的一些核心差别。例如,商业组织的产品消费者与付费对象是高度重合的同一群体,但是公益机构的服务受体与付费方很多时候其实并不一致。如果按照商业组织的客户需求满足逻辑,那么捐赠人就会成为公益机构的"潜在客户",此时作为公益组织实际服务对象的社会弱势群体的需求却可能遭到忽视。[①] 而当民间公益机构总是把捐赠人诉求作为工作开展的首要考虑因素时,其组织发展将出现明显的"目标替代"(goal displacement, Merton, 1957: 199-202)风险,即作为机构核心目标的弱势群体服务使命逐渐被作为维持组织生存手段的资源筹集动员功能所取代。

事实上,相对于公益机构而言,企业的最大优势确实在于其组织可持续发展的资源获取上。企业家作为特定商业组织的负责人,他们最关

[①] 当然,也不能排除有一部分非营利机构以捐赠人为其直接服务对象。比如,当前一些公益咨询机构的主要业务内容就是帮助慈善家个人及其家族进行慈善事业规划和慈善资产管理,以实现慈善家"明智散财"的目标。不过,这种以捐赠人为直接服务对象的公益机构毕竟在非营利部门内属于少数,笔者在此的分析表述只是针对大部分非营利组织而言。

心的也正是组织本身利润的增长与发展的可持续性，而其能够向公益机构提供有效指导的同样主要集中在这些方面的经验。比如，2017年3月在广州举行的携手同行项目伙伴年会上，另一位深度参与携手项目工作的核心企业家导师面向所有参会的受资助机构谈到非营利组织的资源获取问题时说道：

"我的观点是，我们的NGO其实有一个特点，实际上大量都还存在于怎么样才能活下去的阶段，这是中国NGO一个很普遍的现象。怎么活下去？所以，我个人的一个观点是，我们既要有战略的、方向的定位，但同时你们现在还是要找点，哪里能来钱，哪里有潜在的机会。比如，假设现在有人要给你钱，你做不做这个东西？当然先做啊，先把钱拿到再说，你才可能再网罗团队做你们真正想做的事情。"

很明显，同前述企业家导师的指导意见一样，这位企业家导师也认为为了机构生存发展需要，非营利组织应该首先明确以资源为导向。但是，企业家对于资源的追求其实并不仅仅局限于组织生存需要，组织规模扩张本身就是企业家在经营企业过程中追求的核心目标之一，这一目标要求同样也被用到对公益机构的考察理解上。在广州年会活动现场，另一位女性企业家导师在发言中向与会人员这样介绍携手同行创投项目的设计背景：

"我大概从2002年开始介入到一个NGO当中，跟着这个NGO组织走了那么多年，我现在还是那个公益组织的理事长。透过那个公益组织的实践，确实发现公益机构有一个比较大的问题，就是它一直长不大，它长着长着就那么大了，大概七八个人，十几条枪基本上就到头了，走不下去了，它会在原地打转。……我从2002年开始在这个机构做理事，近几年做理事长，它应该说从筹资额到现在专业人手 20、30 个，这么多年各方面都积累起来，应该算是行业里比较不错的了。可是我们做企业的觉得这个很难容忍，一个事情经历了大概十几年的时间却还在那样一个规模上，原地不动了。这就是通常我们看到成长型的 NGO 在发展过程中遇到的瓶颈问题，如何突破它的发展瓶颈？我觉得携手同行把自己到底解决什么问题定位在这里，是一个非常重要的选择。我们过多少年以后再回过头来看，我想可能还是会为我们自己现在做的这个选择打钩的。"

正如上述这位企业家导师所言，"做企业的人"是完全不能容忍"一个事情经历了十几年的时间却还在那样一个规模上"。由此，组织规模扩张本身成为企业家导师考察受资助机构的一个重要标准。事实上，与 A 慈善基金会公益创投项目操作基本一样，这种组织规模维度的考察在携手同行项目资助机构申请评审的"选才"阶段就已经开始，表现为企业家导师在资助项目评审过程中对机构规模增长潜力的突出强调。2017 年 3 月召开的广州年会系列活动上，携手同行项目举行了对新一届项目伙伴机构的评审，笔者得以现场观摩携手项目资助机构的完整评审过程。在 3 月 24 日晚上进行的项目评审导师沟通会上，项目工作组总结提出"成长期、是块料、导得动"三条评审标准，其中申请机构资源获取机制的多元化及其核心项目的可持续发展前景成为项目资助机构筛选的重要指标，即接受资助机构本身首先必须"是块料"，而且要能够被基金会的企业家导师"导得动"。除了在"选才"阶段对组织规模增长潜力的重点考察，携手同行项目对伙伴机构经过三年项目培育资助后的"毕业"成果考察也主要关注伙伴机构在组织规模上的变化。2017 年，携手同行项目手册对项目首批 8 家受资助机构最终项目成果做了这样的总结介绍：

"第一届携手同行伙伴在项目三年的持续资助下,已经发生了显著变化。从团队变化分析,8家机构员工平均数从2012年的每家机构2.6人增至2015年毕业前的8.1人;从资金运营量分析,机构平均年度支出资金从加入携手项目前的22万元增至毕业前的94万元。"

四、小结

随着我国资助型基金会数量的稳步增长,本土公益基金会资助逐渐成为推动国内社会组织发展的一个重要资源供给来源。尤其在境外援助由于各种原因逐渐退出中国的背景下,来自本土基金会的资助无疑为我国民间公益组织的持续发展提供了非常关键的支持;与此同时,面对近十年来各级政府部门大力投入社会组织培育发展及向社会组织大量购买社会服务的新形势,基金会资助也在一定程度上保证了非营利领域资源来源的多元化,从而使得国内非营利部门发展的多重制度逻辑供给成为可能。从外部资源环境变迁导致不同制度逻辑约束的角度,由基金会资源支持可能给我国非营利部门发展带来怎样的制度逻辑影响议题需要研究者加以深入探究。本章以两个国内典型基金会公益创投资助项目为研究案例,重点围绕市场相关要素如何植入到基金会资助行动的具体过程展开经验考察,揭示出基金会公益创投式资助实践对一线非营利组织发展的潜在形塑性影响。案例考察发现,针对受资助非营利机构进行能力建设培育构成基金会公益创投资助实践的核心内容模块,基金会在为社会组织提供机构发展经费支持的同时,通过企业家群体在能力建设过程中的积极介入和参与将一整套市场价值理念及商业创业经验输入给一线非营利机构。基金会资助者试图以一种完全商业化的思维对受资助非营利组织进行改造，以实现基金会标准下非营利组织效能的提高。基于本章的案例考察分析，笔者认为基金会公益创投资助对国内非营利部门发展的影响呈现出两面性。一方面，这种市场化思维指导下的基金会资助实践确实在一定程度上有助于潜在地增强受资助公益机构的外部社会资源动员及组织发展能力。然而，另一方面，市场化机制对非营利部门的侵入也可能造成一定的场域制度逻辑错配，并由此带来一系列潜在负面效应。

第七章 非营利机构对市场化影响的警惕：反思与批判

上一章有关基金会公益创投资助市场要素植入过程的案例考察仅仅是针对基金会具体资助行动的事实性呈现，而笔者关于基金会公益创投式资助对国内非营利部门发展潜在影响两面性的讨论也更多只是理论上的探讨。对于基金会创投式资助的实际效用问题，只有从接受基金会资助的非营利组织角度才能作出真正客观的评价。那么，作为基金会公益创投式资助的直接影响对象，一线非营利机构又是如何看待基金会资助给其带来的效用和影响呢？结合田野访谈、参与式观察及相关二手资料，本章将重点围绕非营利组织眼中的基金会公益创投资助展开考察呈现。需要指出的是，由于所使用分析资料的多样性，以下讨论所涉及的非营利组织案例并不完全限于上一章两个案例基金会资助项目的直接资助对象，部分机构也可能接受过其他基金会的类似资助。同时，为了保护相关受访对象的匿名性，笔者在以下分析中尽量不提及受访对象的详细机构信息。根据相关研究资料所涉及核心主题分别加以聚焦，下面将主要从三个方面展开考察探讨。

一、组织能力建设有用吗？

作为基金会公益创投式资助的核心模块，针对受资助公益机构进行组织能力建设及开展相关培训活动成为基金会非营利资助实践中必不可少的环节之一。不过，对于公益创投资助能力建设容易出现的一个质疑是：基金会资助者本身是否有能力为非营利组织提供能力建设？以及资助者所具有的能力是否与非营利组织真正需要的能力能够实现有效匹配？事实上，即使是美国早期最主要公益创投推动者之一 Mario Morino，在其 2001 年组织团队编辑撰写的美国公益创投年度发展报告中也不得不承认，大量公益创投基金其实本身严重缺乏人力支撑，在为其他非营利组织提供能力建设支持过程中其首先遇到的挑战是要先把自身团队的能力建设好，而且大多数被资助的非营利机构也没有准备好有效地吸收公益创投资助者提供的战略管理方面的支持（Marino Institute，2001）。正是基于这样的现实，也让 Morino 主持的年度发展报告在介绍基金会公益创投资助模式的语气上逐渐发生重大转变，从 2000 年针对"新经济、新技术和新财富推动下产生新慈善"的极度自信（Marino Institute，2000），调整到 2002 年将公益创投描述为"一个新的、尚未被证明的、但充满潜力的资助模式"（Venture Philanthropy Partners，2002），以至于该系列报告到 2004 年就戛然而止不再继续发布。此外，另一位北美公益创投领域的重要推动者和实践者、时任加州社区基金会总裁的 Jack Shakely 也提出，公益创投基金自身的能力局限从一开始就显现出来，而且"很不幸的是，即使是在公益创投最鼎盛的时期，实践证明市场部门和非营利部门之间的管理经验往往是不可相互转化的"（Shakely，2003）。

回到国内基金会公益创投式资助的具体实践，其针对一线非营利组织进行的能力建设和培训学习很多时候往往采取多种不同的形式展开。比如，S基金会携手同行资助计划通过给伙伴机构定向配备导师的方式进行一对一辅导，而A慈善基金会公益创投项目能力建设则以对受资助公益机构进行集中培训的形式展开。尽管存在能力建设具体开展形式的差异，但公益创投理念指导下的基金会资助实践有一个共同的特征，即坚信商业经验和市场机制对非营利组织运营发展的重要参考与借鉴价值。因此，典型的基金会公益创投资助实践往往强调通过系统的能力建设培育对受资助公益机构进行市场和商业经验输入。正如上一章两个基金会公益创投资助项目案例考察所呈现，这种市场和商业经验的输入过程通常直接表现为企业背景人士或商学院教授在基金会能力建设活动中的主导性角色。呼应海外既有关于基金会公益创投资助能力建设模块的相关批评和质疑，对于直接接受基金会能力建设培训的国内民间公益机构而言，一个值得探讨考察的核心问题是：这些能力建设真的对一线非营利组织有用吗？如果有用，又是在何种层面上对非营利机构的工作开展及其组织发展产生效用？在田野调研期间，笔者曾就该问题与多位非营利组织负责人进行深入探讨交流，得到的回答大多数侧重于认可各种基金会培训和能力建设在组织资源链接方面的价值。比如，一位接受A慈善基金会公益创投项目资助的公益机构负责人在谈到A基金会组织开展系列培训活动的实际作用时对笔者说道：

"那就要看你的实际需求了，从建立人脉的角度肯定是有价值的。具体内容方面要看不同的人、不同的机构的具体不同需求，可能有些觉得有用，但有些觉得也没有什么用。"

由上述这位非营利组织负责人的观点表达可见，与从基金会角度强调商业经验和市场机制对非营利机构发展具有重要参考借鉴价值不同，民间公益组织并不认为来自商业领域的价值理念及相关运行机制普遍适用于公益领域，具体组织适用性很大程度上取决于不同公益机构的现实发展需要。

事实上，对于大多数介入基金会资助实践的企业家而言，不可否认的是他们此前基本上没有太多参与公益领域一线工作的经验，对非营利组织实际业务工作的开展并不能给予实质意义上的指导，其能为民间公益机构提供的也确实就只有组织发展资源获取方面的支持。一位 S 基金会携手同行项目伙伴机构负责人在与笔者的访谈交流中谈到企业家参与指导环保组织发展的作用时说道：

"我觉得企业家参与的价值资源多于实际指导意义吧，我觉得企业家参与会对这个组织逐渐熟悉嘛、会有情感嘛，有可能未来成为大额捐款人，他也可能会拉他的朋友过来支持你啊。有时候 NGO 发展不快也是卡在这个资源的整合能力上面，我们这个圈子大都是从大学开始做一直做到现在，也就没有外面的资源进来，只是公益圈的朋友。但是，组织经营的话，不见得企业家就一定会有什么实质性的帮助，因为都是柴米油盐，那你说这些组织战略啊什么的也有一些企业家他其实也不一定擅长，可能很多时候他自己都是通过低买高卖赚到钱的这种，那他怎么跟 NGO 谈战略啊管理啊这些，甚至他自己可能都需要（别人辅导）。"

除了对企业家参与指导基金会培训及相关能力建设活动实际效用局限性的认知，在接受基金会能力建设培育过程中，公益组织也逐渐形成了有关基金会投入大量精力组织策划一系列针对受资助机构能力建设活动内在动力的不同理解。一方面，基于基金会最高决策及管理层大多以企业家为主体的背景，如果完全以企业标准来衡量公益机构的组织效能，能力建设可能确实成为一种现实的需要。不过，对于基金会而言，组织资助实践中能力建设模块的设计似乎仍然包含着其他方面的内在动力诉求。比如，在田野调研期间，一家携手同行项目伙伴机构的负责人针对携手项目企业家导师制度设计的初衷与笔者交流：

> "S基金会的这个携手同行项目也是为了让很多企业家接触和了解环保，因此从某种意义上讲是给钱给NGO去影响这些企业家。那企业家你让他们放下身段去学习是很难的，那么在指导的过程中其实也是在互相影响，对于NGO来讲最重要的是你不要丧失自己的独立性或者说主体性。"

可以看到，在这位民间公益机构负责人看来，携手同行项目企业家导师制度并不完全是围绕环保NGO的能力提升需要进行操作设计，而是同时承担了帮助基金会推动企业家会员环保行动参与的功能。因此，从S基金会及其所属S生态协会的企业家会员维护和发展角度，公益创投资助中的企业家参与才是携手同行项目设计的真正重点。而对于企业家参与指导的实际影响，该公益机构负责人也以"不要丧失自己的独立性或者说主体性"给出提醒。事实上，针对基金会公益创投式资助中资助者通过组织能力建设形式对受资助非营利机构的高度参与式介入，海外研究者提出的另一个重要批评和质疑也直接指向双方真实需求关系的不平衡性。比如，曾有学者这样评论：创投资助者积极介入受资助机构的一个首要前提应该是非营利组织确实需要来自外界在策略和工作方法方面的帮助，并且真的能够从中学习到对其工作开展有用的知识和技能，但现实情况却是这种咨询性介入关系往往更多地是为了满足出资人的参与需求（satisfaction of the donors）（Frumkin, 2003）。

同样地，关于A基金会公益创投项目组织开展一系列培训活动的真正意义和价值，民间公益组织在参与接受培训过程中也逐渐形成了另一套自己的观察和理解。一位全程参加了所有公益加油站创投项目培训活动的公益机构负责人在与笔者的交流访谈中这样说道：

> "我进公益加油站的时候也是奔钱去的啊,奔钱去了以后呢它就组织大家做培训,开始也觉得就是套路吧,套路都是这样嘛。到后面发现不对啊,A基金会把我们聚在一起啊就去跟商业机构议价,它自己就这么说的,我们这都是全国最好的。它是这样谈的,我这资助的机构全是中国最好的机构,你不是要资助公益嘛,你资助公益你不资助我你跑去自己资助,你不靠谱啊对吧。……我后来发现就有意思了,它搞很多资源进来,做很多培训,都是很有钱的,给我们每个机构100万你想想,这都是一大笔钱啊,它都是从外面筹来的。"

以上这段访谈表述中,该公益机构负责人意识到基金会作为一个独立的组织行动者,其同样需要通过从外部汲取资源来维持机构自身运转,而由基金会组织策划的一系列培训活动其实同时也相应承载了基金会进行对外传播和筹款的重要功能。面对外部捐赠资源竞争的"类市场环境",为了形成与潜在企业或企业家捐赠者的有效"议价"能力,基金会也必须对外呈现最优秀的受资助公益机构群体。那么,如何才能证明自己所资助公益机构是最优秀的呢?组织规模和影响力或许就是最好的呈现指标,而实现这种组织规模增长和影响力扩散的最有效途径则是以商业化经验和市场化思维对公益机构进行系统培训与"改造"。正如下文将要进一步探讨,经过这种改造式培训后可能带来的结果却有可能是大量非营利组织目标使命的漂移和整体非营利部门公共价值的流失。

二、机构发展资源导向带来的困惑

毫无疑问,通过对受资助机构进行商业经验输入,基金会公益创投式资助确实能够为部分公益组织在外部社会资源动员与机构规模扩张方面带来极大的能力提升。对于某些民间公益机构而言,这种资源动员能力或许也正是其工作开展迫切需要的能力,有助于帮助公益组织更好地推动其目标和使命的实现。这方面的国内机构尤以专注于解决农村寄宿学校留守儿童心理健康和成长教育问题的公益组织"歌路营"为代表。田野调研期间,曾有多位受访对象向笔者重点介绍歌路营的发展经验。这是一家创立于2008年的教育类公益组织,在发展过程中逐渐聚焦于通过为农村寄宿学校留守儿童提供睡前故事、儿童音乐等教育产品服务,以达到帮助改善寄宿留守儿童身心健康状况的目标。由于其所提供的服务产品明确清晰,并且具有极强的可复制和可推广性,歌路营先后获得了南都公益基金会景行计划及爱佑慈善基金会公益创投项目的资助支持,得以在短短两三年时间内实现机构服务规模的快速扩张。截至2016年底,歌路营项目服务范围已经覆盖全国27个省市336个区县的2000多所学校①,成为国内公益行业内部实现规模化发展的代表性机构。

对于歌路营这样的公益组织,机构服务规模快速扩张过程中资源获取与有效整合的重要性不言而喻,而一些商业机构的规模化发展经验也确实对其具有相当的参考价值。不过,除了像歌路营这样接受基金会创投式资助产生积极影响的组织案例,笔者在田野调研期间观察到的其实更多是这一资助模式对非营利机构发展带来的一系列负面影响。不可否认的是,资源对于任何个人和组织都充满了吸引力。由此,在外部资源诱惑和引导的影响之下,一些民间公益组织的发展可能出现明显的"目标漂移"(mission drift),表现为公益机构经营运作的强烈资源导向性。以下笔者尝试通过多个一线非营利组织案例对这种目标漂移现象加以例证。一家2016年初入选S基金会携手同行项目资助的环保组织在2017年3月份召开的携手项目广州年会上做项目资助成果展示,该机构负责

---

① 有关歌路营机构发展状况的最新介绍,可参见其官方网站 http://www.growinghome.org.cn/news_show.html?id=37。

| 中国社会组织发展研究的市场维度

人对组织创建成立之初的目标定位做了这样描述：

"我们是一个致力于自然教育和生态保护的民间机构，我们最初希望解决的问题是两块：一块是自然教育，是因为当前很多小朋友可能没有太多的机会走进自然，所以我们希望解决当前小朋友的自然认知，以及透过传递自然生态之美来解决公众参与环境保护的基础；另一个是有了自然教育方面的影响，令到民众有一些基础之后，我们希望通过（生态保护）这个部分解决或者推动保护华南地区的生物多样性，以及南方的一些自然保护区，这是我们机构成立的初衷跟使命，也可以说是我们的初心。"

但是，经过2016年携手同行项目企业家导师的战略指导，该机构逐渐将其工作重心集中到可以通过服务收费产生组织经营收入的"自然教育"版块，而同样作为组织"初心"的直接"生态保护"工作则逐渐从机构业务中剥离。这家环保组织的负责人在项目年会上这样介绍其机构工作的转变过程：

"万老师①帮我们做了非常系统的机构业务模式梳理，进行了两次线下的会议，还有两个月的线上讨论，让我们在自己机构的战略选择、组织模式，还有目标客户以及营销推广等各个方面都更加清晰、更加明确，也有了一个很好的提升。……改变是什么？实际上大家可以看到，我们现在主要开展自然教育，以此来推动生态保护，而不是自然教育跟生态保护并行，把这些都做了一些梳理，以及所有的核心业务都围绕自然教育版块来做，包括机构的运营，还有品牌的传播都是围绕自然教育课程体系来做。"

---

① 携手同行项目的核心企业家导师之一，匿名。

这样的战略调整确实给这家环保机构带来了组织发展速度和业务规模上的巨大提升,并直接表现在机构年度收入的迅速增长。其负责人在携手同行项目年会上也自豪地向与会项目导师及其他受资助伙伴介绍自己机构在过去一年所取得的快速发展:

> "最早的时候我们基本上是赤字的,欠了5万块钱。到了第二年开始有一点点盈余了,有3万多块钱盈余。到2016年时我们的收入大概已经有390多万,接近400万,当然这里面很大都是自然教育这个部分。现在我们已经有15个人,在广州和深圳都有两个办公室,可以看到这个发展速度是非常快的(指着PPT展示的数据图表)。2016年我们的项目资助只有15万,还有其他收入有15万,就是个人捐赠之类的,而我们的活动收入有360万。当然,我们的支出也是很大的,大概380万,教育活动占的最多,60%,人力成本也是很高的,接近30%。"

从这家环保机构的转型发展过程可以看到,经过携手同行项目企业家导师的针对性辅导,很好地帮助其完成了组织战略聚焦,并在很短的时间内实现了机构业务规模的快速扩张,但是这种扩张却是以机构核心工作内容的片面发展为代价。用其机构负责人自己的话说,在组织发起创办之初确立的推动"生态保护"的这一"初心"似乎已经被丢弃掉了。

除了上述经过基金会公益创投式资助过程"改造"后出现的非营利组织目标偏移,一些未能进入基金会公益创投资助范围的民间公益机构在行业内大量基金会资助项目的间接影响下也呈现出明显的资源导向性,而这种间接影响主要通过公益组织资源动员的"马太效应"(Matthew Effect, Merton, 1968)发挥作用。由于基金会公益创投项目通常在资助机构的筛选环节有一些硬性的评选标准,如A基金会公益加油站创投项目要求受资助机构具有业务规模和筹资额方面的较大增长潜力，S基金会携手同行项目也以"成长期、是块料、导得动"的九字标准要求非营利机构具有资源获取机制多元化的能力，甚至有些基金会资助项目明确要求接受资助的公益组织在获得基金会资助之前其机构的年收入必须达到200万元以上。因此，只有那些能够向基金会展示出明确增长潜力的公益组织才有可能进入基金会的资助范围，从而形成资源动员能力愈强的非营利机构反而能得到越多基金会资源青睐的局面，这就在无形中给予很多公益组织进行资源扩张的强大动力。在上一章中，笔者曾提到一家关注农村留守儿童心理援助工作的民间公益机构，该组织负责人在访谈交流中向笔者详细分享了其机构自2015年以来尝试申请国内各大基金会经费资助的一些经历和感受：

> "南都（基金会）的景行（计划）我们中不了，它要求200万（年度筹资规模），它要这种大机构才能。不过我今年算快的了，我去年是40多万，今年就上百，但是下一年肯定就能上两百，如果往前冲的话。所以景行我是规模还不到。另一家国字头基金会有个大项目，等于是送钱的，有二三十万，它已经找我了，它说要两百万，我说到不了。它说那给你放放水，一百五十万，承诺下一年到两百万就行。我说因为我是很关心机构声誉的，我就很担心我答应了做不到，那还是算了不要这笔钱了。今年这些机会就都是很可惜，有一些它主动找我的，但是我们的数量和资金量达不到要求，错过了这些机会。……所以，量很重要，因为企业家要的就是那种规模和量上的影响力，企业家不开心等于基金会不开心，……的确从影响力角度来讲，那些大机构能给基金会带来很好的影响力。"

由于其开展的针对农村留守儿童心理援助服务工作的特殊性，该机构无法在短时间内将自己的业务内容进行大规模复制和推广，导致这家民间公益组织在 2016 年申请 A 慈善基金会公益创投资助时再次失败，这给机构负责人造成了极大的刺激。大概四个月后，在针对该机构负责人进行的第二次访谈中，笔者能够明显感觉到他对于机构生存发展的焦虑，而这种焦虑情绪也推动他积极思考机构未来可能的发展方向：

"我自己现在有深深的危机意识，商业的力量太强大了，指不定哪天我们就被淘汰掉了。你要讲规模化，讲大面积推广，一下子成百上千个学校去复制，我肯定做不到的。这种情况下我只能是尽量把我们的东西做到专业化的极致，这就是我的'核心产品'。……等下一年吧，下一年我们的财务状况有些基金会项目就可以去申报了。……我们就是要进入这个所谓'马太效应'的体系，不要被淘汰掉。这种'马太效应'其实真的挺讽刺的，大的机构会做得越大，那我就要想办法挤进那个大机构的潮流中去。"

"大的机构会做得越大，那我就要想办法挤进那个大机构的潮流中去"，这句话充分显示出这位公益机构负责人的无奈，同时也成为该机构接下来几年工作推进的基本指导方针。2017 年 1 月中旬，基于前期多次互动交流，笔者接受上述机构负责人的邀请，通过在线直播方式参加这家公益机构的年度工作总结与新一年工作规划会议。在战略规划讨论部分，该机构负责人反复强调接下来其整个团队的工作重心必须要集中到一切为机构的项目筹款服务上面来。虽然意识到机构自身所开展工作的特殊性，但在面对外部资源竞争的重压之下，项目的规模化与可复制可推广也在此次年度工作规划会议上正式进入机构工作讨论，并在其后的组织工作推进过程中被积极付诸实践。2018 年年初召开的一次行业论坛上，当笔者再次见到这位公益组织负责人时，他在会议现场的 PPT 展示中很自豪地向所有与会嘉宾介绍自己机构过去一年发展取得的一系列成绩：项目服务对象上，从 2016 年服务十四所乡村学校 398 名留守儿童增加到2017年底覆盖全国八十五所乡村学校的3891名留守儿童,直接服务对象数量增长了将近10倍;组织经费开支上,也从2016年的78万元增加至2017年的140万元,基本实现机构年度筹资额的翻番。由此,可以说该公益机构很好地贯彻执行了团队在2017年年初制定的组织战略,并在机构业务规模快速扩展方面取得了显著成效。但是,不可否认的是,在其向一家"合格的"基金会资助对象努力迈进过程中,却也把机构可能存在的潜在发展风险抛诸脑后。

当然,并不是所有民间公益组织在基金会创投式资助的直接或间接影响下都呈现出资源扩张的冲动。对于其他一些非营利机构而言,经过基金会创投式资助和企业家能力建设指导所带来的可能更多是组织发展方向上的困惑与纠结。在2017年3月份召开的S基金会携手同行创投项目广州年会上,笔者接触到一家来自新疆的生态保护机构。该机构早期在创始人没有受到太多公益理念影响的背景下从做生态旅游起步,是国内第一个以完全商业化模式开展观鸟旅游的组织。但是,在后续发展过程中机构负责人逐渐放弃纯粹商业化的运营模式,转而把机构转型为一家公益性的民间环保机构。在携手同行项目年会的伙伴公开分享环节,该机构负责人谈到其对自身机构目标使命及运营模式选择的看法:

> "我们从事的观鸟活动从一开始……就是以一种商业的模式进入到这个领域的,但是因为不是从纯粹商业的角度来做商业模式,你永远也做不好。……我想说我们初心的问题,包括过去以商业模式做事情的初心和今天换一种模式来做这个事情的初心。我认为并不是出于简单的商业模式,或者是为了自己简单的求生存进入到这个领域当中,而是想通过更多的活动,或者是现在我们叫项目,不管是什么模式,保护雪豹也好,保护白头尾鸭也好,能够影响和带动更多的人,重新改变公众对这个世界、对环保的认知,或者说是生命的认知吧,这是我们的出发点。最终我们是要成就更好的自

己，成就我们身边的人和未来更多的人，要做这样一件事情。我们机构现在正在规划的方向，是要成为一个平台型的机构，我的想法是要有更多像我们这样的人，美好的愿景就是有一天大家都成了这样的人，人的观念发生变化，我们的很多环境问题自然就会得到解决。"

很明显，在这位民间环保组织负责人看来，以商业化生态旅游模式并不能对人们环保观念的积极塑造产生真正有效的影响。基于其"改变公众对世界、对环境认知"的初心，该负责人在经过多年商业化探索尝试之后选择将机构彻底转型为一家纯公益性的民间组织。但是，在完成自身从商业模式到公益机构的转变后，这家环保组织向 S 基金会申请了携手同行公益创投项目资助，随之而来的企业家导师参与辅导让该环保机构负责人困惑不已。他在携手同行项目伙伴年会的公开发言中毫不避讳地谈道：

"这次来参会的第一天碰到陈忠和老师[①]，我记得他在电梯里面对我说了一句话，我不知道您还记不记得？他说你们这个机构有一天要真的成为一家社会企业的时候就 OK 了。是这样吗？……我当初转型来到这里的初衷，其实我感觉跟老师们的另外一些声音是有背的，这是我的一些迷惑。到底是做自己能够造血的社会企业还是围绕着我的初心？这个是我到咱们携手项目接触了各方面老师后的一些困惑，我这里也不说对错，我现在也是资助第一年，还在做选择的时候……"

在携手同行项目资助推进开展过程中，产生困惑的机构远不是只有

---

① 携手同行项目核心企业家导师之一，匿名。

上述这家来自新疆的环保组织。比如,另一家专注于红树林保护工作的福建民间环保组织同样遇到类似的疑惑和纠结。该机构自创办发起以来主要从政策倡导与预警、保护区共建、公众参与和教育三个层面推动在地红树林保护工作。2016 年,机构成功入选 S 基金会携手同行资助项目。在企业家导师指导下进行战略梳理和定位选择时,该机构负责人认为倡导和预警是当前红树林保护领域最迫切需要开展的工作内容。但是,企业家导师则建议其将机构的主要方向聚焦到保护区服务和公众教育平台建设上,因为这部分工作能够给其机构发展带来直接经费支持。面对这种战略选择上的困惑,该机构负责人在携手项目广州年会上谈到自己对红树林保护各项工作及企业家参与指导的看法时说道:

> "如果红树林破坏这个问题我们没有办法及时站出来加以应对的话,那么等到所有红树林都被破坏光了以后,我们再去做公众教育,做保护区发展,做这个、做那个就都没有任何意义了。……所以,从行业角度来说,我个人认为冲在前面的机构应该积极应对的是最有痛点、最迫切的事情,我认为红树林保育行业现在面临最核心的问题,就是要怎么样防止越来越多破坏的问题。就像搞科研一样,基础学科的研究实际上是越来越少人做的,为什么?因为它很难快速地发出有较高影响力的文章,……那么,是不是我们的公益机构一定要越大越好?这可能是携手同行项目导师们需要去思考的问题。我们也可以复制,发展越来越大,可是当类似预警这样的问题没有机构站出来去及时应对、去解决的时候,这个行业的痛点是没有人去解决的。"

从上述两位携手同行项目资助伙伴所遇到的工作困惑来看,单纯的资源导向有极大的可能性将民间公益组织引向其机构团队本身并不真正关心的工作方向上,从而进一步加剧非营利组织发展的目标使命漂移。

事实上，关于民间公益机构发展的"初心"话题在携手同行项目广州年会上被参会的项目伙伴机构反复地提及并进行了多种形式的热烈讨论，作为一名外来的活动观察者和研究者，笔者能够明显感受到一种有关组织目标与做事方法之间的纠结和张力普遍存在于接受项目资助的这些民间环保公益机构中。与此同时，大量非营利组织在接受基金会公益创投式资助过程中产生的困惑也从侧面揭示出存在于资助双方之间的一种潜在不平等关系，即虽然基金会资助者能够很好地控制自己对受资助组织的机构性介入（比如对受资助组织提出理事会构成参与要求），但企业家的"导师"身份仍然会促使其对受资助非营利组织工作开展（如发展规划和战略制定等）产生一定的参与诉求，进而导致非营利机构成员对最终工作方案到底是由资助方作出还是机构自主决策产生困惑和怀疑（Sievers, 1997）。

三、非营利部门公共价值的流失

除了具体工作开展过程中的资源导向带来的机构使命目标漂移和组织发展困惑，基金会公益创投式资助以市场化逻辑和商业化思维对公益组织进行全方位改造产生的另一个更重要的潜在负面影响在于整体非营利部门内在公共价值的流失，表现为大量民间公益组织在市场化相关机制的形塑式影响下变得越来越片面地聚焦于微观社会问题的回应解决，而对其他更为关键的社会结构性、公共性议题则不予关注或主动加以回避。

有关非营利组织的多元功能与价值，历来是海内外研究者探讨争论的一个重要问题。比如，政治社会学者通常强调民间社会团体在促进公共参与、培育社会资本及监督公共权力等方面的积极作用（Putnam, 1993；Skocpol, 1997；Fung, 2003），而公共管理和政策学者则更为关注整体非营利部门在参与公共服务供给、完善公共治理等维度的重要价值（Salamon, 1995）。尽管不同学科视角下学者们的侧重点有所不同，但学界针对非营利部门的社会功能仍然有一些基本共识。对此，美国宾夕法尼亚大学公共政策及组织社会学者 Peter Frumkin 教授做了很好的梳理和总结。Frumkin（2002）指出，现代非营利与志愿性组织承载着四项最基本的社会功能，分别是提供社区服务（delivering community services）、推动社会创新（facilitating social entrepreneurship）、促进公共参与（promoting civic engagement）和允许价值表达（allowing value/faith expression）；作为现代社会结构培育发展的核心构成要件，非营利部门发展需要在上述四种不同功能之间实现有效平衡，尤其是要在单纯的社区服务供给与社会创新推动之外，积极保护其作为公共参与渠道和公共价值表达平台的功能（Frumkin, 2002: vi）。

然而，当前国内基金会公益创投式资助实践却有可能把中国非营利部门的发展整体引向片面关注微观社会问题解决与微小社会需求满足的方向上，其导致的结果是民间非营利组织的社会角色和价值功能将呈现出越来越"工具化"趋势（instrumentalization）。毫无疑问，这种引导性影响正是以公益基金会行业内部的企业化、市场化思维为基础。对商业企业组织而言，其最擅长的工作就在于寻找和挖掘社会需求，并通过针对性的产品设计将各种社会需求转化为企业可以为之提供服务的市场空间。可以想象的是，以企业化的思维方式对非营利组织进行培育发展及能力建设，大量非营利机构的工作开展将会变得越来越技术化。比如，一位基金会行业平台服务组织负责人在与笔者的访谈交流中对民间公益组织工作开展方式提出了这样的批评：

"你会发现 NGO 和企业组织有个相当大的不同，就是企业瞄准的需求都特别的小，都是很小很具体的，……因为这个具体的问题它就能设计出相应的产品，它是生活当中某个具体环境中的小问题。而我们的 NGO 尝试解决的问题都太大，因此导致你没有办法去解决。比如说，你要解决农村留守儿童的城乡教育差距问题，或者教育不公平的问题，或是批判性思维教育不够的问题，等等，你是没有解决方案的，就是你没有办法形成一个可以产品化的解决方案。因此，大部分的公益组织它没有一个可复制的产品。"

当然，笔者无意于完全否认非营利组织聚焦特定社会问题解决的功能重要性，毕竟大量弱势群体的相关社会服务需求急需社会力量积极参与给予回应和满足。只是当所有非营利机构都过于片面地集中关注技术性社会问题解决的时候，整体非营利部门的发展必然走向功能的失调和不均衡。对应于 Peter Frumkin 有关现代非营利与志愿组织功能价值的阐述，技术化和工具化将带来非营利部门发展公共参与及价值倡导功能的逐渐流失。

事实上，对于非营利组织公共价值流失的潜在风险，一些民间公益机构在接受基金会公益创投式资助过程中已经有明确的认识感知并能够进行积极地批评反思。针对上述基金会行业平台服务组织负责人关于非营利组织工作开展方式的评价观点，笔者曾在田野调研过程中与部分公益机构负责人进行探讨交流，一家环保组织创始人立即提出了反驳意见：

"比如说疾病，那肯定研发药物是最直接的，救死扶伤嘛。但是，为什么会有这么多人要花钱去买药呢？那是什么问题？可能是这个土壤恶化或者空气污染的问题，或者是其他更深层次的原因。所以我觉得 NGO 的角色不应该太过'工具化'，NGO 的逻辑不应该完全是直接去面对具体的问题，而还需要去打破某些权力关系，重新建构一种顺畅、大家更平等的新的社会关系。只是这部分功能在国内不管是社会宏观层面还是 NGO 自己内部都很少有认知，好像大家最需要的就是你帮我解决一个实际的问题，不一定会想到要去探讨产生这个问题的根源，为什么产生贫困？为什么有外来人口的问题？等等"

另一位自二十世纪九十年代初期就开始进入民间公益领域工作的资深公益人在与笔者的田野访谈中也对基金会公益创投式资助实践以市场化思维改造公益组织可能带来的负面效应提出严正质疑：

"企业家为什么天然地认为他们可以指导社会组织？中国的公益组织从一开始就承担了双重使命，第一重使命是解决那些具体的社会问题，第二重更重要的使命则是活化社会，重新组织社会，而这一重使命恰恰是企业家并不擅长的。……所以，我们要去看这些基金会做的公益创投项目，在处理一些具体的社会问题之外，对整个社会的改善、甚至我们说应对社会挑战方面，他们真的是长项吗？这真的是他们能做的事情吗？或者说这恰恰是他们的短项呢。而用他们的那套思路和方法去指导公益组织的话，会不会让公益组织的双重属性越来越单一？"

随着市场机制和商业力量对国内民间公益领域影响的不断加深，有关"公益市场化"议题的争论自 2014 年以来逐渐成为我国非营利发展领域一个核心话题。① 在大量相关讨论中，关于"何为公益"的问题始

---

① 2014 年，南都公益基金会理事长徐永光在《中国慈善家》杂志发表《公益市场化刍议》一文，由此引发了国内关于公益市场化议题的第一次讨论。接着 2016 年 5 月份在中国人民大学召开的一次研讨会上，徐永光再次以公益市场化为主题进行发言，并引起了 NGO 圈内对公益市场化议题的第二次大讨论。前后两次讨论主要以参与者进行网络发文和对话的形式展开，并在 2016 年 9 月由北京某大型企业基金会牵头在深圳举办的第五届慈展会上进行了一次现场辩论。有关前后两次公益市场化议题讨论的详细情况，可参见中国发展简报网站：http://www.chinadevelopmentbrief.org.cn/service/action/topica.php?topic_id=116。

终充满争议。很显然，从基金会资助者的角度看，民间公益机构就是旨在帮助解决各类社会问题的一种特定社会组织类型，而通过向商业企业学习其组织管理运营及规模化发展经验则是提高民间公益组织社会问题解决能力最有效的路径。但是，对于大量在一线开展工作的公益行动者而言，"公益"本身有着比解决社会问题更为丰富和更深层次的内涵。比如，一家携手同行项目伙伴机构负责人在2016年撰写的一篇有关"公益市场化"问题的批评性文章中这样谈他对"公益"的理解：

> "在精致的功利主义价值观熏陶之下，我们逐渐养成了以'解决具体某个社会问题'为导向的公益观，人们做'公益'，是要解决社会问题的。然而，如果对公益的理解，不是一个行业呢？如果公益的理解，不是去解决某个我们看得见的具体社会问题呢？……我认为公益，往往是在解构不平等的权力关系，在回应不合理的社会结构，在推动不公义的问题被曝光，让非主流成为主流，让少数被看见。因此，公益不应完全是'以解决问题'的逻辑来实现其价值，更可能的是，以'程序正义'、'机会均等'、'价值多元'等为逻辑。甚至，公益是基于'同理心'，让少数被保存或被看见。"

从以上不同公益机构人士对基金会单纯以解决具体社会问题为导向公益资助实践的多种反驳、质疑和批评声音可以看到，民间公益组织内部仍然保持着有关非营利部门功能多元化的明确认知。无论这种多元功能是"打破权力关系""重新组织社会"还是"实现公平正义"，最终都将对非营利组织"解决具体社会问题"这一工具化角色形成一定的平衡。如果说市场化思维在当前社会结构与时代背景下正以一种"文化霸权式"（hegemony）的姿态对非营利部门发展施加其影响，那么这些来自民间公益组织的反思和批评则代表了另一种真正自下而上的"反霸权"力量。

四、小结

围绕基金会公益创投资助可能给受资助民间公益机构及整体非营利部门发展带来怎样的潜在影响，本章尝试从一线非营利组织视角展开针对性考察评估。综合多种经验资料分析呈现，尽管在一定程度上认可基金会公益创投式资助及其能力建设模块对公益组织资源拓展的积极意义，但大量非营利机构表现出对基金会资助实践中市场要素植入影响的高度警惕。首先，针对能力建设的总体效用问题，与基金会强调商业经验和市场机制对非营利组织工作开展具有重要参考借鉴价值不同，民间公益组织并不认为来自商业领域的价值理念及相关运行机制普遍适用于公益领域，并且在接受基金会改造式培训过程中逐渐形成有关基金会资助者投入大量时间精力对受资助机构开展一系列能力建设活动内在动力的不同理解。其次，经由企业家群体的参与培训与介入辅导，组织发展的资源竞争理念被植入到非营利部门内部，在导致部分民间公益机构出现明显资源优先倾向及组织目标漂移的同时，也引起了非营利组织负责人对公益机构发展资源导向性的明确质疑。此外，基于前期行业发展的已有经验积累，民间公益行动者内部逐渐形成有关非营利组织多元社会功能承担的明确认知，进而对市场化和商业思维指导下非营利部门发展的公共价值流失风险保持高度警惕和反思。

第八章　总结与讨论

　　中国民间社会组织发展的外部资源环境在最近十几年间发生了巨大变迁。一方面，受国内经济发展及政策调整变化影响，曾经在我国民间公益机构早期兴起过程中扮演重要资源供给者角色的大量国际机构逐渐退出中国，使得我国民间组织发展的"洋奶"渐少。另一方面，国内政府部门自2007年前后开始探索向社会组织购买公共服务，尤其是2012以后从中央到地方各级政府向社会组织培育发展及购买服务领域进行大规模资源投入，使得政府部门逐渐成为当前我国非营利组织发展的核心推动力量之一。而在这两种资源供给交替的间隙之中，另一个社会组织发展的潜在资金支持来源也在我国非营利部门内部出现，即本土"资助型基金会"的兴起。相较于来自政府的资源支持，行业内普遍期待本土公益基金会能够承接早期国际机构资助和培育中国民间背景社会组织发展的角色，通过基金会资助这种来自非营利部门自身内部的资源供给，以在一定程度上保持我国社会组织发展的相对独立性和自主性。那么，国内基金会组织群体能否承担起这样的行业期待？本土基金会资助与一线非营利机构具体又呈现出怎样的实际互动关系状态？基于我国社会组织发展领域的上述资源结构变迁，本书尝试从不同资源环境的差异化制度逻辑约束角度，着重围绕本土基金会资源供给可能给国内非营利组织发展带来的潜在制度性影响展开考察探究。

一、基金会资助、市场化嵌入与社会性反思

为了形成有关基金会资助行为逻辑的有效理解，本书首先对我国本土资助型基金会组织社群兴起发展过程的内外部动力机制进行考察。在外部动因层面，基于我国公益基金会领域早期封闭式运行的特殊背景，2004 年《基金会管理条例》颁布实施对国内民间背景基金会发展的开闸放行为本土资助型基金会的出现提供了可能。其中，大量企业及企业家背景基金会的兴起尤其成为本土资助型基金会发展的关键推动力量，同时也为我国资助型基金会组织场域内部的市场化逻辑嵌入埋下了"伏笔"。而在场域建构形成的内在策略机制层面，以南都公益基金会为核心的"制度创业者"通过"公益产业价值链"这一"类市场"概念的创造性提出及推广实践，试图在国内公益行业内部构建出一种新的基金会组织行动模式。不过，"公益产业价值链"概念通过将非营利资助关系与市场企业上下游供应链关系加以类比，在为资助型基金会价值理念及其实践提供合法性证成的同时，也可能把整体非营利部门的发展逐渐引向市场产业化发展方向。

在资助型基金会组织社群兴起发展背景及其场域建构推动策略考察的基础上，笔者进而围绕市场化逻辑嵌入基金会组织场域内部的多元路径及其具体表现形式加以分析呈现。其中，企业和企业家群体在基金会组织发起创办及机构运作管理中的积极参与和介入构成市场化逻辑得以嵌入基金会场域的一条关键通道，同时市场机制在当前中国社会所获得的普遍"合法性"也对基金会组织场域内部市场要素输入形成进一步强化效应。与市场化逻辑嵌入资助型基金会组织场域的上述路径相对应，其在基金会场域内部的具体影响也大致表现在基金会组织日常管理运营

和基金会行业整体话语思维两个层面。基于资助型基金会决策管理者对市场机制及商业力量的无意识认同和信仰，构成基金会将市场相关要素植入其对外资助实践并对一线非营利组织运行发展产生直接影响的基础。

针对市场相关要素植入到基金会资助行动的具体实践过程，本书以两个国内典型基金会公益创投资助项目为案例展开经验分析，揭示出基金会公益创投式资助实践对一线非营利组织发展的潜在形塑性影响。案例考察发现，基金会资助者通常认为受资助非营利组织普遍存在机构能力不足的问题，因此在为非营利机构提供组织发展经费支持的同时，往往会针对受资助公益机构设计相应的组织能力建设与培育模块，并通过企业家群体在能力建设过程中的积极介入和参与将一整套市场价值理念及商业创业经验输入给一线非营利机构。基金会资助者试图以一种完全商业化的思维和运营模式对受资助非营利组织进行改造，以实现基金会标准下非营利组织效能的提高。总体来看，基金会公益创投式资助对国内非营利部门发展的影响呈现出两面性。一方面，这种市场化思维指导下的基金会资助实践确实在一定程度上有助于潜在地增强受资助公益机构的外部社会资源动员及组织发展能力。然而，另一方面，市场化机制对非营利部门的侵入也可能造成一定的场域制度逻辑错配，并由此带来一系列潜在负面效应。

面对基金会资助实践中的市场要素植入影响，接受基金会资助的大量民间公益组织表现出高度警惕。比如，针对基金会创投式资助中的能力建设效用问题，与从基金会角度强调商业经验和市场机制对非营利机构发展具有重要参考借鉴价值不同，民间公益组织并不认为来自市场领域的商业价值理念及相关运行机制普遍适用于公益领域，并且在接受基金会改造式培训过程中逐渐形成有关基金会资助者投入大量时间精力对受资助机构开展一系列能力建设活动内在动力的不同理解。与此同时，经由企业家群体的参与培训与介入辅导，机构发展的资源竞争理念及组织功能的工具化倾向被植入到非营利部门内部，相应地也引起了大量非营利组织负责人对公益机构发展的资源导向性及整体非营利部门公共价值流失风险的明确质疑和反思。

二、从行政吸纳到市场吸纳

事实上，就我国社会组织发展外部资源环境变迁的宏观结构而言，最近十年来各级政府部门通过向社会组织购买公共服务及设立社会组织培育扶持专项资金等形式进行的大规模投入构成当前国内非营利部门发展的另一个更为重要资源供给来源。尤其从资金体量与支持力度来看，基金会资助也基本无法与政府资源投入相媲美。不过，针对非营利组织发展过度依赖政府部门资助可能带来的潜在负面效应，既有文献已经进行了大量考察探讨。虽然一些研究结果表明政府资助并不必然造成非营利组织官僚同化及行政吸纳后果的出现（Anheier et al, 1997; Chaves et al, 2004; Binder, 2007），但更多的学者仍然表达出对非营利部门政府资源依赖现象在不同维度及不同程度上的担忧（Lipsky & Smith, 1989; Smith & Lipsky, 1993; Stone, 1996）。比如，已故北美著名非营利学者萨拉蒙教授认为，过度依赖政府资助有可能对非营利组织的自主性和独立性产生威胁，尤其是对非营利部门的公共倡导角色形成"稀释"作用（Salamon, 1995: 103）。华人学者郭超的研究（2007）也发现，过度依赖政府资源支持将对非营利组织理事会的社会代表性产生负面影响。其他一些研究则表明政府资助可能对非营利组织的慈善捐赠收入形成一定的"挤出"（crowd out）效应（Brooks, 2000a, 200b）。

从近十年来国内社会组织发展的总体情况来看，政府大规模资源投入对我国非营利部门发展的潜在影响也正逐渐显现。一方面，政府大规模投入无疑为我国非营利组织的整体发展注入了强大的推动力；另一方面,政府部门对社会组织发展的引导和约束也愈加明显。2017年5月,国内某民间公益机构在其微信公众号发布了一篇题为《安徽民间公益一瞥》的调查报告,其中详细描述了2013年以来安徽省民间公益组织发展领域出现的趋势性变化:

"2013年以前,安徽具有政府和企业背景的社会组织很少。益和①找到100多家活跃的民间组织,这些组织资源独立,内部运转独立,发起人多为私营小企业主、国营企业职工、当地公务员、学校校长及老师等有一定社会地位和影响的中产人士,服务内容集中在慈善、助学、支教、扶老等领域,民间色彩浓厚。"

"2013年以后,安徽省加快社会组织相关政策的推动速度。2013年10月,合肥市以'1+4'形式正式出台社会服务具体政策,除特殊审批外,其他各类社会组织可由当地民政部门实行直接登记,并减免3万元注册资金。与此同时,安徽省加大民办社工服务机构的培育力度,一方面调动高校社工教师创办机构,一方面鼓励现有的公益慈善类、服务类社会组织向民办社工机构转型,通过政府购买服务支持并整合现有资源,设立省/市级民办社工机构孵化基地。……2014至2015年间,安徽省民办社工机构数量呈跨越式增长:2014年5月,安徽共有民办社工机构24家,2015年上半年则增至80家。2016年3月,仅合肥市已有专业社工服务机构40余家,15个孵化园已入驻和孵化社会组织235家,实现社工协会组织三级覆盖。"

"政府系列扶持政策的出台对民间组织发展具有一定推动作用,

---

① 接受该报告撰写团队调研的安徽省某民间公益机构。

如：开放注册，减免注册资本，免税资格认定，设立孵化园等诸多利好。但同时也伴随着分化：2015 至 2016 年，社工机构拿走大量政府资金，民间公益组织承接政府采购资金比例萎缩；民间组织转型为社工机构，须看到'社会工作'字样，才能从政府拿到钱；有的民间组织原本由基金会和公众资金支持，自主开展工作，现在依赖十几个街道的项目资金，仍无法支持其众多员工，也无力主导工作，对民间组织的公益性和独立性是有损害的。"

从以上调查报告的描述可以看到，政府购买服务及相关社会组织培育扶持政策对民间公益组织的发展同时产生了吸纳收编和资源挤出等多重影响，原本相对独立的草根公益机构虽然在政府培育政策的整体推动下获得了一定的发展，但同时在这种发展过程中也越来越陷入依附于政府资源支持的困境。

正是基于过度依赖政府资源支持可能带来的"行政吸纳"效应，本书尝试从不同资源供给环境的差异化制度逻辑约束角度，探讨本土基金会资助为我国社会组织发展提供一种独立于政府行政吸纳效应的竞争性制度逻辑的可能性。考察分析结果表明，基金会资助确实为国内非营利部门发展带来了一种不同于政府行政吸纳逻辑的制度性影响，不过这种影响却呈现为经由基金会资助实践对受资助非营利机构进行市场要素植入的"市场吸纳"效应。当然，有关非营利市场化和商业化发展趋势的批判与反思并不是什么新的社会议题。笔者以为，市场化思维在非营利领域呈现出的"文化霸权式"影响只不过是当前新自由主义意识形态在某种面向上的经验表征而已，其早在二十世纪七十年代末西方国家开始的新自由主义经济改革时期就已经埋下伏笔。随着八十年代西方新公共管理运动的兴起，这种市场自由主义的影响才逐渐溢出经济领域并向非营利部门进行渗透。用哈贝马斯的理论概念来说，非营利部门市场化乃是多种力量合谋的结果，由此实现对社会第三部门的"殖民化"（colonization)（刘少杰，2002）。那么，这种被市场殖民化的第三部门未来命运将会如何？目前看来，即使面对来自非营利部门内部自下而上的诸多质疑和反思，非营利市场化至少在短期内尚看不到任何逆转的趋势。从长远看，或许我们也只能期待另一场卡尔·波兰尼笔下"社会自我保护运动"（波兰尼，2007）的出现。

除了弥补既有中国社会组织发展研究长期由"国家—社会"分析框架主导的不足，本书关于基金会资助对非营利组织发展市场化吸纳效应的考察分析同时将对社会学主要以"阶级分析"视角切入基金会研究的已有文献形成有效补充。在海外政治社会学家有关基金会资助者与非营利组织资助关系的研究考察中，学者们普遍关心的一个核心议题是资助者与草根组织行动者之间的阶级关系问题。比如，Jenkins 等人关于基金会资助者对黑人社会运动组织发展影响的实证研究就是为了回应社会运动资源动员理论内部出现的有关精英参与对社会运动发展实际影响的争论（Jenkins & Eckert, 1986），而 Faber 和 McCarthy（2005）提出的"慈善殖民"（philanthropic colonization）概念也指向基金会资助者对不同领域草根社会组织的"阶级吸纳"现象。同样，Silver（2006）关于"芝加哥反贫困计划"的案例研究除了揭示基金会与社区行动组织之间的不平等关系外，其背后更深层次的关注还在于地方精英对社区发展议题的吸纳和控制，这种对阶级关系的关注从 Silver 发表的有关其他基金会资助案例的一系列文章中可见一斑（Silver, 1998, 2007）。除了政治社会学家对基金会资助者与非营利组织之间阶级关系的关注，阶级分析视角在社会学关于基金会及富人慈善的更广阔研究领域也长期居于主导地位（Curti & Mash, 1965; Karl & Katz, 1987; Kohl-Arenas, 2015; Odendahl, 1990; Ostrower, 1995）。不过，本书并未发现阶级变量在基金会对外资助行动中的重要影响，而是对植入基金会运行发展过程的市场要素进行了重点呈现。笔者以为，当前大量公益基金会发起人和创办者除了具有富人的社会身份外，其另一重同样重要的身份特征乃是他们的企业家身份。以企业家身份为依托，市场要素影响就应该成为基金会研究领域需要重点关注的一个核心变量。

三、研究局限与未竟议题

作为一项调研时间与写作篇幅有限的经验研究，笔者有关我国本土资助型基金会发展及其资助实践影响的考察尚有诸多不足之处。针对本书未能给予回答和解决的相关问题，可以成为未来研究重点探讨关注的潜在议题。

首先，笔者在书中侧重对本土资助型基金会兴起发展及其实践影响的考察事实上遮蔽了我国基金会发展更重要的一个面向，即资助型基金会在目前国内公益基金会行业只占很小的比例。一方面，大量官办基金会在路径依赖效应的影响下并未真正走出对政府行政体系的依附；另一方面，即使是新近创办成立的民间背景基金会很多仍以传统救济式慈善的形式开展工作。与国外基金会发展主要以资助型基金会为主体形成对比，在目前全国接近九千家公益基金会中，真正以支持社会组织发展或以与一线非营利组织合作为主要工作开展方式的基金会所占比例还很小，而这也正是国家层面试图通过相关行政法规制定对资助型基金会发展进行倡导推动的重要原因之一。因此，对于中国资助型基金会发展议题的考察而言，一个同样值得研究者加以关注和探讨的问题是：为什么中国基金会行业总体未能与民间公益组织形成有效链接？除了官办基金会受到路径依赖的影响，对于我国整体公益基金会行业而言，还有哪些因素阻碍了基金会与一线非营利组织之间的对接合作？针对相关问题的研究考察将兼具理论和实践意义。

其次，本书关于我国资助型基金会发展及其非营利资助行动的考察认为，本土基金会资助对国内非营利部门发展产生了一种市场化吸纳的效应。不过，已有大量海外研究文献除了针对公益创投式资助的反思性讨论有所涉及，似乎并未在其基金会资助实践中发现市场化逻辑影响。由这种研究结论上的差异引发的一个研究问题是：中国新兴公益基金会领域的发展及其资助实践与海外基金会（尤其是美国基金会部门）有什么样的差别与共性？鉴于中国基金会行业整体及资助型基金会领域发展历史相对短暂，其或多或少受到来自海外基金会部门的影响。由此，是什么原因导致中国基金会资助对 NGO 发展的影响与海外基金会的资助实践存在差异？抑或基金会资助的市场吸纳效应其实只是一种阶段性的历史现象？海外基金会的新近发展是否也同样走上了类似的道路？未来需要有意识地开展针对基金会部门发展的跨国比较研究，以为理解国内基金会领域的发展特征与属性提供更深刻的洞见。

此外，回到我国社会组织发展的整体资源环境变迁，除了基金会资助和政府资金支持两大核心资源供给，当前国内民间公益组织发展的另外两种新兴资源获取方式分别是商业创收（主要包括商品销售与服务收费）和公众募捐。其中，通过销售商品或服务收费获得部分组织运营经费是随着社会企业概念和社会创业理念近年来在我国内地的传播与推广而逐渐兴起的一种非营利组织资源获取方式，正在被越来越多的民间公益机构探索实践。例如，老牌公益机构广州慧灵智障人士服务中心从 2012 年开始发起创立旨在为智障人士提供就业机会的社会企业——麦子烘焙坊，而该企业的盈利也将全部反馈到慧灵智障人士服务事业中。与此同时，民间公益组织面向社会公众进行资源动员和募集也在最近几年间获得了快速发展，尤其是腾讯公益平台自 2015 年设计推出"99 公益日"公众募捐项目以来，越来越多的公益机构开始纷纷投入到互联网公众募款的资源动员探索中。针对这两种新兴资源获取方式对我国非营利部门发展的意义及其同样可能带来的潜在影响，需要研究者分别加以跟踪关注。比如，作为一种市场化资源汲取方式，非营利组织商业创收行为的市场化逻辑与基金会资助实践的市场吸纳对社会组织发展产生影响的具体作用方式有何异同？相较于政府资助的行政吸纳影响和基金会支持的市场吸纳效应，面向社会公众进行的资源动员和筹资是否能够为我国社会组织发展提供一种新的道路可能性？等等。

附录：受访对象信息表

受访对象编号	所在机构类别	机构编号	机构地域	机构职务	访谈次数
访1	民间公益组织	G1	北京	项目主管	1
访2	民间公益组织	G2	北京	机构创始人	2
访3	高校	A1	北京	高校研究者	1
访4	基金会	F1	北京	理事长	1
访5	高校	A2	北京	高校研究者	1
访6	民间公益组织	G1	北京	机构负责人	1
访7	基金会	F2	北京	项目主任	2
访8	基金会	F3	北京	秘书长	1
访9	基金会	F4	北京	副秘书长	1
访10	基金会	F2	北京	秘书长助理	1
访11	基金会	F5	北京	项目总监	2
访12	民间公益组织	G3	北京	机构负责人	2
访13	民间公益组织	G3	北京	项目主管	1
访14	高校	A3	北京	高校研究者	1
访15	基金会	F6	北京	秘书长	1
访16	基金会	F6	北京	项目主管	1

(续表)

受访对象编号	所在机构类别	机构编号	机构地域	机构职务	访谈次数
访17	民间公益组织	G4	北京	机构创始人	2
访18	民间公益组织	G5	北京	项目主管	1
访19	民间公益组织	G5	北京	机构负责人	1
访20	民间公益组织	G6	广东	机构负责人	1
访21	基金会	F7	广东	项目官员	1
访22	民间公益组织	G7	广东	机构创始人	1
访23	基金会	F8	广东	项目官员	1
访24	民间公益组织	G8	广东	机构创始人	1
访25	民间公益组织	G9	广东	机构创始人	3
访26	民间公益组织	G10	广东	机构负责人	1
访27	民间公益组织	G11	广东	机构创始人	1
访28	基金会	F8	广东	项目官员	1
访29	民间公益组织	G12	四川	机构创始人	1
访30	民间公益组织	G13	广东	机构负责人	1
访31	基金会	F9	广东	秘书长	1
访32	基金会	F9	广东	项目官员	1
访33	民间公益组织	G7	广东	机构负责人	1
访34	基金会	F10	广东	理事长	1
访35	基金会	F3	北京	项目主管	1
访36	基金会	F11	北京	项目官员	1
访37	民间公益组织	G14	陕西	机构创始人	1
访38	基金会	F12	北京	理事长	1
访39	基金会	F13	福建	理事	1
访40	基金会	F14	广东	秘书长	1
访41	基金会	F14	广东	项目主管	1

(续表)

受访对象编号	所在机构类别	机构编号	机构地域	机构职务	访谈次数
访42	基金会	F8	广东	副秘书长	1
访43	基金会	F15	北京	秘书长	1
访44	民间公益组织	G15	贵州	机构创始人	1
访45	基金会	F16	浙江	项目官员	1
访46	民间公益组织	G16	广东	机构创始人	1

注：表中机构编号字母 G 代表民间公益组织，F 代表基金会，A 代表高校。

参考文献

一、中文文献：

1. 陈为雷：《从关系研究到行动策略研究：近年来我国非营利组织研究述评》，载《社会学研究》，2013年第1期，第228—240页。

2. 陈天祥、徐于琳：《游走与国家与社会之间：草根志愿组织的行动策略》，载《中山大学学报》，2011年第1期，第155—168页。

3. 陈映芳：《今天我们怎样实践学术本土化——以国家—社会关系范式的应用为例》，载《探索与争鸣》，2015年第11期，第55—60页。

4. 程刚、王璐、霍达：《2019年中国基金会发展报告》，见杨团、朱健刚主编《中国慈善发展报告（2020）》，北京：社会科学文献出版社2020年版，第124—151页。

5. 程刚、王璐、霍达：《2020年中国基金会发展报告》，见杨团、朱健刚主编《中国慈善发展报告（2021）》，北京：社会科学文献出版社2021年版，第78—98页。

6. 邓国胜：《1995年以来中国NGO的变化与发展趋势》，2005年12月7日邓国胜博士在清华大学的演讲，http：//opinion. huanqiu. com/1152/2012－02/2482412. html。

7. 邓雅莉、王金红：《中国NGO生存与发展的制约因素》，载《社会学研究》，2004年第2期，第89—97页。

8. 邓燕华：《社会建设视角下社会组织的情境合法性》，载《中国社会科学》，2019 年第 6 期，第 146—166 页。

9. 第四届中国基金会评价榜，网络公开调研报告，2020 年，参见：http：//www. cfforum. org. cn/Uploads/file/20201214/5fd7538f16a63. pdf。

10. 顾昕、王旭：《从国家主义到法团主义——中国市场转型过程中国家与专业团体关系的演变》，载《社会学研究》，2005 年第 2 期，第 155—175 + 245 页。

11. 和经纬、黄培茹、黄慧：《在资源与制度之间：农民工草根 NGO 的生存策略》，载《社会》，2009 年第 6 期，第 1—21 页。

12. 侯利文：《社会组织党建的过程与机制研究》，载《社会科学辑刊》，2021 年第 3 期，第 15—24 页。

13. 胡杨成、蔡宁：《非营利组织市场导向与组织绩效的关系研究》，载《管理学报》，2009 年第 8 期，第 1111—1118 页。

14. 黄春蕾、郭晓会：《慈善商业化：国际经验的考察及中国发展路径的设计》，载《山东大学学报（哲学社会科学版）》，2015 年第 4 期，第 34—44 页。

15. 黄晓春、嵇欣：《非协同治理与策略性应对：社会组织自主性研究的一个理论框架》，载《社会学研究》，2014 年第 6 期，第 98—123 页。

16. 黄晓春、周黎安：《政府治理机制转型与社会组织发展》，载《中国社会科学》，2017 年第 11 期，第 118—138 页。

17. 纪莺莺：《当代中国的社会组织：理论视角与经验研究》，载《社会学研究》，2013 年第 5 期，第 219—241 页。

18. 纪莺莺：《转型期国家与行业协会多元关系研究：一个组织分析的视角》，载《社会学研究》，2016 年第 2 期，第 149—169 页。

19. 贾西津：《境外 NGO 的中国实践与挑战》，载《南方周末》，2017 年 2 月 9 日。

20. 卡尔·波兰尼：《大转型：我们时代的政治与经济起源》，冯钢、刘阳译，杭州：浙江人民出版社2007年版。

21. 康晓光、韩恒：《分类控制：当前中国大陆国家与社会关系研究》，载《社会学研究》，2005年第6期，第73—89页。

22. 康晓光：《"义利之辨"：基于人性的关于公益与商业关系的理论思考》，载《公共管理与政策评论》，2018年第3期，第17—35页。

23. 赖伟军：《海外关于基金会公益创投的几点争论》，载《中国社会组织》，2017年第3期，第28—29页。

24. 李本公：《以规范管理促进基金会健康发展：民政部民间组织管理局局长李本公答记者问》，载《中国民政》，2004年第4期，第32—33页。

25. 李怀瑞：《资助型基金会与草根组织的互惠逻辑》，载《新视野》，2018年第1期。

26. 李健、荣幸：《基金会资助绩效何以提升？——基于信任理论的多案例研究》，载《公共行政评论》，2021年第2期，第154—173页。

27. 李江帆、杨望成：《非营利领域的市场化运作模式及其启示》，载《学术研究》，2004年第8期，第62—66页。

28. 李朔严：《政党统合的力量：党、政治资本与草根NGO的发展——基于Z省H市的多案例比较研究》，载《社会》，2018年第1期，第160—185页。

29. 刘鹏：《从分类控制走向嵌入型监管：地方政府社会组织管理政策创新》，载《中国人民大学学报》，2011年第5期，第91—99页。

30. 刘少杰：《后现代西方社会学理论》，北京：社会科学文献出版社2002年版。

31. 刘晓雪：《散财有道：南都公益基金会公益风险投资的理念与实践探索》，北京：社会科学文献出版社2017年版。

32. 刘忠魏：《微信民族志：XT水灾的微信民族志构想》，载《思想战线》，2017 年第 3 期，第 32—45 页。

33. 卢玮静、刘程程、赵小平：《市场化还是社会化：中国官办基金会的转型选择》，载《中国非营利评论》，2017 年第 2 期，第 44—67 页。

34. 罗士泂：《"微信民族志、自媒体时代的知识生产与文化实践"会议纪要》，载《社会学评论》，2016 年第 6 期，第 94—95 页。

35. 罗文恩、周延风：《中国慈善组织的市场化研究：背景、模式与路径》，载《管理世界》，2010 年第 12 期，第 65—73 页。

36. 商玉生：《我国基金会的现状与体制分析》，载《中国青基会通讯》，2003 年第 8 期。

37. 社会资源研究所：《寻：发展行动的本质和力量》，未公开发表调研报告，2016 年。

38. 沈永东、虞志红：《社会组织党建动力机制问题：制度契合与资源拓展》，载《北京行政学院学报》，2019 年第 6 期，第 13—21 页。

39. 沈永东、虞志红：《政府资助影响社会组织非政府渠道筹资收入：基于中国 3016 家基金会的实证研究》，载《经济社会体制比较》，2019 年第 4 期，第 128—137 页。

40. 宋程成：《"结社革命"背后的幽灵：非营利部门的理性化及其成因》，载《中国非营利评论》，2017 年第 1 期，第 209—229 页。

41. 宋程成：《跨部门互动与社会组织企业化：一项基于混合研究设计的分析》，《中国行政管理》，2017 年第 11 期，第 61—67 页。

42. 宋程成：《社会组织理性化实践及其制度根源：一项长时段案例研究》，载《中南大学学报（社会科学版）》，2019 年第 6 期，第 136—145 页。

43. 苏晓华、王科：《转型经济中新兴组织场域的制度创业研究：以中国 PC/VE 行业为例》，载《中国工业经济》，2013 年第 5 期，第 148—160 页。

44. 孙炳耀：《中国社会团体的官民二重性》，载《中国社会科学季刊》，1994年第6期。

45. 孙飞宇、储卉娟、张闫龙：《生产"社会"，还是社会的自我生产？以一个NGO的扶贫困境为例》，载《社会》，2016年第1期，第151—183页。

46. 孙立平：《"自由流动资源"与"自由活动空间"：论改革过程中中国社会结构的变迁》，载《探索》，1993年第1期，第64—68页。

47. 唐魁玉、邵力：《微信民族志、微生活及其生活史意义：兼论社会人类学研究应处理好的几个关系》，载《社会学评论》，2017年第2期，第76—85页。

48. 田蓉：《西方非政府组织转型及其影响因素分析》，载《东岳论丛》，2010年第11期，第158—161页。

49. 田蓉：《非营利组织的社会企业化：模式与策略》，载《华东理工大学学报》，2016年第6期，第104—113页。

50. 王诗宗、罗凤鹏：《寻求依附还是面向市场：社会组织的策略组合及调试》，载《学海》，2019年第6期，第36—43页。

51. 王诗宗、宋程成：《独立抑或自主：中国社会组织特征问题重思》，载《中国社会科学》，2013年第5期，第50—66页。

52. 王颖、折晓叶、孙炳耀：《社会中间层：改革与中国的社团组织》，北京：中国社会出版社1993年版。

53. 吴强：《"两光之争"背后：公益事业、资本主义与意识形态》，载《文化纵横》，2018年第1期，第35—43页。

54. 谢海定：《中国民间组织的合法性困境》，载《法学研究》，2004年第2期，第17—34页。

55. 徐盈艳、黎熙元：《浮动控制与分层嵌入：服务外包下的政社关系调整机制分析》，载《社会学研究》，2018年第2期，第115—139页。

56. 徐勇：《非营利机构商业化的成因、后果及其规制》，载《社会科学家》，2015年第5期，第65—69页。

57. 徐永光：《迎接基金会与草根 NGO 合作时代到来》，"NGO5.12 灾后重建合作论坛"上的发言，2009 年 5 月 21 日。

58. 徐永光：《走出困境，回归民间：关于中国慈善体制改革》，载《中国党政干部论坛》，2011 年第 12 期，第 42—44 页。

59. 徐永光：《序言：为了"人人怀有希望"的社会》，见刘晓雪主编：《散财有道：南都公益基金会公益风险投资的理念与实践探索》，北京：社会科学文献出版社 2017 年版。

60. 徐宇珊：《从封闭到开放：中国基金会的散财之道》，载《中国非营利评论》，2010 年第 1 期，第 24—44 页。

61. 杨凤禄、孙钦钦：《非营利组织的商业化探讨》，载《山东大学学报（社会科学版）》，2007 年第 5 期，第 58—62 页。

62. 杨义凤：《基金会如何向"资助型"转向：基于三个"能力建设"层次的解读》，载《兰州学刊》，2019 年第 3 期，第 140—152 页。

63. 叶士华、孙涛：《政府购买服务背景下社会组织自主性的影响机制研究：从组织资本视角分析》，载《上海行政学院学报》，2020 年第 5 期，第 89—99 页。

64. 尹钰林、任兵：《组织场域的衰落、重现与制度创业：基于中国直销行业的案例研究》，载《管理世界》，2009 年第 b2 期，第 13—26 页。

65. 张紧跟：《从结构论争到行动分析：海外中国 NGO 研究述评》，载《社会》，2012 年第 3 期，第 198—223 页。

66. 张玉磊：《困境与治理：非营利组织市场化运作研究》，载《中国农业大学学报（社会科学版）》，2008 年第 12 期，第 170—180 页。

67. 张钟汝、范明林、王拓涵：《国家法团主义视域下政府与非政府组织的互动关系研究》，载《社会》，2009 年第 4 期，第 167—194 页。

68. 赵秀梅：《中国 NGO 对政府的策略：一个初步考察》，载《开放时代》，2004 年第 6 期，第 5—23 页。

69. 资中筠:《财富的归宿:美国现代公益基金会述评》,上海:上海人民出版社 2006 年版。

70. 周延风、罗文恩、黄光:《我国非营利组织市场导向及其影响因素研究:以全国采供血机构为例》,载《公共管理学报》,2007 年第 2 期,第 50—57 页。

71. 周秋光:《中国慈善发展的历史与现实》,载《史学月刊》,2013 年第 3 期,第 5—9 页。

72. 朱健刚:《草根 NGO 与中国公民社会的成长》,载《开放时代》,2004 年第 6 期,第 36—47 页。

73. 朱健刚、赖伟军:《"不完全合作":NGO 联合行动策略——以 5.12 汶川地震 NGO 联合救灾为例》,载《社会》,2014 年第 4 期,第 187—209 页。

74. 朱健刚、王超、胡明:《责任—合作—行动:汶川地震中 NGO 参与个案研究》,北京:北京大学出版社 2009 年版。

75. 朱卫国:《基金会管理条例解析》,载《中国社会报》,2004 年 3 月 19 日。

二、英文文献:

1. Adams, C. and F. Perlmutter, "Commercial Venturing and the Transformation of America's Voluntary Social Welfare Agencies", Nonprofit and Voluntary Sector Quarterly, Vol. 20, No. 1, 1991, pp. 25–38.

2. Alexander, Jennifer A., "The Impact of Devolution on Nonprofits: A Multiphase Study of Social Service Organizations." Nonprofit Management and Leadership, Vol. 10, No. 1, 1999, pp. 57–70.

3. Alexander, J. A., J. L. Brudney, and K. Yang, "Accountability and Performance Measurement: The Evolving Role of Nonprofits in the Hollow State." Nonprofit and Voluntary Sector Quarterly, Vol. 39, No. 4, 2010,

pp. 565 – 570.

4. Alexander, Jennifer. , Renee Nank and Camilla Stivers. . "Implications of Welfare Reform: Do Nonprofit Survival Strategies Threaten Civil Society?" Nonprofit and Voluntary Sector Quarterly, Vol. 28, No. 4, 1999, pp. 452 – 475.

5. Alexander, J. A. , and B. J. Weiner, "The Adoption of the Corporate Governance Model by Nonprofit Organizations. " Nonprofit Management and Leadership. Vol . 8, No. 3, 1998, pp. 223 – 242.

6. Anheier, Helmut K. , Stefan Toepler and S. Wojciech Sokolowski. "The Implications of Government Funding for Non-Profit Organizations: Three Propositions", International Journal of Public Sector Management, 1997, Vol. 10, No. 3, pp. 190 – 213.

7. Appe, S. , "NGO Networks, the Diffusion and Adaptation of NGO Managerialism, and NGO Legitimacy in Latin America. " Voluntas. 27, 2016, pp. 187 – 208.

8. Arrillaga, Laura and David Hoyt. "2004 Venture Philanthropy Summit Overview. " Study case from the Stanford Graduate School of Business, 2005, https://www.gsb.stanford.edu/faculty-research/case-studies/2004-venture-philanthropy-summit-overview.

9. Backman, Elaine V. , and Steven Rathgeb Smith. "Healthy Organizations, Unhealthy Communities?" Nonprofit Management and Leadership, Vol. 10, No. 4, 2000, pp. 355 – 373.

10. Bailis, R. , A. Cowan, V. Berrueta, and O. Masera, "Arresting the Killer in the Kitchen: The Promises and Pitfalls of Commercializing Improved Cookstoves. " World Development. Vol. 37, No. 10, 2009, pp. 1694 – 1705.

11. Benjamin, L. M. "Funders as Principals Performance Measurement in Philanthropic Relationships. " Nonprofit Management and Leadership. Vol. 20,

No. 4, 2010, pp. 383 – 403.

12. Bartley, Tim. "How Foundations Shape Social Movements: The Construction of an Organizational Field and the Rise of Forest Certification." Social Problems, Vol. 54, No. 3, 2007, pp. 229 – 255.

13. Bentley, Julia Greenwood. "The Role of International Support for Civil Society Organizations in China." Harvard Asia Quarterly, Vol. 7, No. 1, 2003, pp. 11 – 20.

14. Bentley, Julia Greenwood. "Survival Strategies for Civil Society Organizations in China." The International Journal of Not-for-Profit Law, Vol. 6, No. 2, January 2004.

15. Berg, Bruce L. "Qualitative Research Methods for The Social Sciences (4thEdition)." Needham Heights, MA: Allyn & Bacon. 2001.

16. Berndtson, Erkki. "Power of Foundations and the American Ideology." Critical Sociology, Vol. 33, 2007, pp. 575 – 587.

17. Billis, D., "Sector Blurring and Nonprofit Centers: The Case of the United Kingdom." Nonprofit and Voluntary Sector Quarterly, Vol. 22, No. 3, 1993, pp. 241 – 257.

18. Binder, Amy. "For Love and Money: Organizations' Creative Responses to Multiple Environmental Logics." Theory and Society, Vol. 36, No. 6, 2007, pp. 547 – 571.

19. Brainard, L., and P. Siplon, "Toward Nonprofit Organization Reform in the Voluntary Spirit: Lessons From the Internet." Nonprofit and Voluntary Sector Quarterly. Vol. 33, No. 3, 2004, pp. 435 – 457.

20. Bromley, P., and J. W. Meyer, "They Are All Organizations": The Cultural Roots of Blurring Between the Nonprofit, Business, and Government Sectors." Administration & Society. Vol. 49, No. 7, 2017, pp. 939 – 966.

21. Brooks, Arthur A. "Public Subsidies and Charitable Giving: Crow-

ding out, Crowding in, or Both?" Journal of Policy Analysis and Management, Vol. 19, No. 3, 2000, pp. 451 – 464.

22. Brooks, Arthur A. "Is There a Dark Side to Government Support for Nonprofits?" Public Administration Review, Vol. 60, No. 3, 2000, pp. 211 – 218.

23. Brulle, Robert J. and J. Craig Jenkins. "Foundations and the Environmental Movement: Priorities, Strategies and Impact." In Faber Daniel and Deborah McCarthy (eds.), Foundations for Social Change: Critical Perspectives on Philanthropy and Popular Movements. Lanham, MD: Rowman & Littlefield. 2005, pp. 151 – 173.

24. Buckland, Leonora, Lisa Hehenberger and Michael Hay. "The Growth of European Venture Philanthropy." Stanford Social Innovation Review, Summer, 2013, pp. 33 – 39.

25. Bush, R., "Survival of the Nonprofit Spirit in a For-Profit World." Nonprofit and Voluntary Sector Quarterly. Vol. 21, No. 4, 1992, pp. 391 – 410.

26. Carlson, J., A. A. Kelley, and K. Smith, "Government Performance Reforms and Nonprofit Human Services: 20 Years in Oregon." Nonprofit and Voluntary Sector Quarterly. Vol. 39, No. 4, 2010, pp. 630 – 652.

27. Carlson, Neil. "Enlightened Investment or Excessive Intrusion?" National Committee for Responsive Philanthropy. , 2000.

28. Carman, J. G. , "Nonprofits, Funders, and Evaluation Accountability in Action." American Review of Public Administration, Vol. 39, No. 4, 2009, pp. 374 – 390.

29. Center for Venture Philanthropy. "Defining Virtue: Five Key Elements of Venture Philanthropy and Five Years of Documented Results." Peninsula Community Foundation, Research Report, 2004.

30. Chan, Anita. "Revolution or Corporatism? Workers and Trade Unions in Post-Mao China. " The Australian Journal of Chinese Affairs, Vol. 29, 1993, pp. 31 –61.

31. Chan, Kin-man, Haixiong Qiu & Jiangang Zhu. " Chinese NGOs Strive to Survive. " In Bian, Yanjie, Kwok-bun Chan and Tak-sing Cheung (eds.) Social Transformation In Chinese Societies. Leiden & Boston: Brill, 2005, pp. 131 –159.

32. Chamberlain, Health B. "Civil Society with Chinese Characteristics. " The China Journal, Vol. 39, 1998, pp. 69 –81.

33. Chaves, Mark, Laura Stephens and Joseph Galaskiewicz. "Does Government Funding Suppress Nonprofits' Political Activity?" American Sociological Review, Vol. 69, No. 2, 2004, pp. 292 –316.

34. Choi, S. , "Learning Orientation and Market Orientation as Catalysts for Innovation in Nonprofit Organizations. " Nonprofit and Voluntary Sector Quarterly. Vol. 43, No. 2, 2014, pp. 393 –413.

35. Curti, Merle and Roderick Nash. "Philanthropy in the Shaping of American Higher Education. " New Brunswick, NJ: Rutgers University Press, 1965.

36. Dart, R. , " Being 'Business-Like' in a Nonprofit Organization: A Grounded and Inductive Typology. " Nonprofit and Voluntary Sector Quarterly. Vol. 33, No. 2, 2004, pp. 290 –310.

37. David, Robert J. , Wesley D. Sine and Heather A. Haveman, "Seizing Opportunity in Emerging Fields: How Institutional Entrepreneurs Legitimated the Professional Form of Management Consulting. " Organization Science, Vol. 24, No. 2, 2013, pp. 356 –377.

38. Davis, Gerald F. , and Christopher Marquis. "Prospects for Organization Theory in the Early Twenty-First Century: Institutional Fields and Mecha-

nisms." Organization Science, Vol. 16, No. 4, 2005, pp. 332 – 343.

39. Dees, G., "Enterprising Nonprofits." Harvard Business Review. Jan-Feb 1998, pp. 55 – 67.

40. Dees, G., and B. Anderson, "Sector-Bending: Blurring Lines Between Nonprofit and For-profit." Society. Vol. 40, No. 4, 2003, pp. 16 – 27.

41. Delfin, Francisco G. and Shui-Yan Tang. "Elitism, Pluralism, or Resource Dependency: Patterns of Environmental Philanthropy Among Private Foundations in California." Environment and Planning, Vol. 39, 2007, pp. 2167 – 2186.

42. Delfin, Francisco G. and Shui – Yan Tang. "Foundation Impact on Environmental Nongovernmental Organizations: The Grantees' Perspective." Nonprofit and Voluntary Sector Quarterly, Vol. 37, No. 4, 2008, pp. 603 – 625.

43. DiMaggio, Paul. J. "Interest and Agency in Institutional Theory." In Zucker Lynne G. (eds.), Institutional Patterns and Organizations: Culture and Environment. Cambridge, MA: Ballinger, 1988, pp. 3 – 19.

44. DiMaggio, Paul J. "Constructing an Organizational Field as a Professional Project: U. S. Art Museums, 1920 – 1940. In Powell, Walter W. and Paul J. DiMaggio (eds.) The New Institutionalism in Organizational Analysis. Chicago: University of Chicago Press, 1991, pp. 267 – 292.

45. DiMaggio, Paul J. & Walter W. Powell. "The Iron Cage Revisited: Institutional Isomorphism and Collective Rationality in Organizational Fields." American Sociology Review, Vol. 48, No. 2, 1983, pp. 147 – 160.

46. Ding, Yijiang, "Corporatism and Civil Society in China: An Overview of Debate in Recent Years." China Information, Vol. 4, 1998, pp. 44 – 67.

47. Dobbin, Frank, Beth Simmons, and Geoffrey Garrett. "The Global

Diffusion of Public Policies: Social Construction, Coercion, Competition, or Learning?" Annual Review of Sociology, Vol. 33, 2007, pp. 449 – 472.

48. Eikenberry, Angela M. "Refusing the Market: A Democratic Discourse for Voluntary and Nonprofit Organizations." Nonprofit and Voluntary Sector Quarterly, 38, No. 4, 2009, pp. 582 – 596

49. Eikenberry, Angela M. and Jodie Drapal Kluver. "The Marketization of the Nonprofit Sector: Civil Society at Risk?" Public Administration Review, Vol. 64, No. 2, 2004, pp. 132 – 140

50. Enjolras, B., "The Commercialization of Voluntary Sport Organizations in Norway." Nonprofit and Voluntary Sector Quarterly. Vol. 31, No. 3, 2002, pp. 352 – 376.

51. Estes, Richard J. "Emerging Chinese Foundations: The Contribution of Private Philanthropy to the New China." Regional Development Studies, Vol. 4, 1998, pp. 165 – 180.

52. Evans, B., T. Richmond, and J. Shields, "Structuring Neoliberal Governance: The Nonprofit Sector, Emerging New Modes of Control and the Marketization of Service Delivery." Policy and Society. Vol. 24, No. 1, 2005, pp. 73 – 97.

53. Faber, Daniel and Deborah McCarthy. "Introduction." In Faber Daniel and Deborah McCarthy (eds.), Foundations for Social Change: Critical Perspectives on Philanthropy and Popular Movements, Lanham, MD: Rowman & Littlefield. 2005, pp. 1 – 54.

54. Foster, W., and J. Bradach, "Should Nonprofit Seek Profits?" Harvard Business Review. Vol. 2, 2005, pp. 92 – 100.

55. Friedland, Roger, and Robert R. Alford. ("Bringing Society Back In: Practices and Institutional Practices." In Powell, Walter W. and Paul J. DiMaggio (eds.) The New Institutionalism in Organizational Analysis. Chicago: U-

niversity of Chicago Press, 1991, pp. 232 – 266.

56. Froelich, K. A. , "Diversification of Revenue Strategies: Evolving Resource Dependence in Nonprofit Organizations. " Nonprofit and Voluntary SectorQuarterly. Vol. 28, No. 3, 1999, pp. 246 – 268.

57. Frumkin, Peter. "On Being Nonprofit: A Conceptual and Policy Primer. " Cambridge: Harvard University Press, 2002.

58. Frumkin, Peter. "Inside Venture Philanthropy. " Society, Vol. 40, No. 4, 2003, pp. 7 – 15.

59. Frumkin, Peter & Alice Andre-Clark, When Missions, Markets, and Politics Collide: Values and Strategy in the Nonprofit Human Services. Nonprofit and Voluntary Sector Quarterly, Vol. 29, No. 1, 2000, pp. 141 – 163.

60. Fung, Archon. "Associations and Democracy: Between Theories, Hopes, and Realities. " Annual Review of Sociology, Vol. 29, 2003, pp. 515 – 539.

61. Garud, Raghu. "Conferences as Venues for the Configuration of Emerging Organizational Fields: The Case of Cochlear Implants. " Journal of Management Studies, Vol. 45, No. 6, 2008, 1061 – 1088.

62. Geoghegan, M. , and F. Powell, "Community Development, Partnership Governance and Dilemmas of Professionalization: Profiling and Assessing the Case of Ireland. " British Journal of Social Work. Vol. 36, No. 5, 2006, pp. 845 – 861.

63. Gilbert, N. , "The Commercialization of Social Welfare. " Journal of Applied Behavioral Science. Vol. 21, No. 4, 1985, pp. 365 – 376.

64. Guo, B. , "Charity for Profit? Exploring Factors Associated with the Commercialization of Human Service Nonprofits. " Nonprofit and Voluntary Sector Quarterly. Vol. 35, No. 1, 2006, pp. 123 – 138.

65. Guo, Chao. "When Government Becomes the Principal Philanthro-

pist: The Effects of Public Funding on Patterns of Nonprofit Governance. " Public Administration Review, Vol. 67, No. 3, 2007, pp. 458 – 473.

66. Han, Jun, "Social Marketization and Policy Influence of Third Sector Organizations: Evidence from the UK. " Voluntas. 28, 2017, pp. 1209 – 1225.

67. Hasenfeld, Y. , and E. E. Garrow. "Nonprofit Human-Service Organizations, Social Rights, and Advocacy in a Neoliberal Welfare State. " Social Service Review. Vol. 86, No. 2, 2012, pp. 295 – 322.

68. He, Baogang, The Democratic Implications of Civil Society in China. Hampshire : Macmillan. Frolic, Michael. 1997. "State-led Civil Society. " In Civil Society in China, edited by Timothy Brook and Michael Frolic, N. Y: M. E. Sharpe. , 1997.

69. Herman, R. D. , and D. Rendina, "Donor Reactions to Commercial Activities of Nonprofit Organizations: An American Case Study. " Voluntas. Vol. 12, No. 2, 2001, pp. 157 – 169.

70. Hersberger-Langloh, S. E. , S. Stuhlinger, and G. Schnurbein, "Institutional Isomorphism and Nonprofit Managerialism: For Better or Worse?" Nonprofit Management and Leadership. 2020, https://doi. org/10. 1002/ nml. 21441, 1 – 20.

71. Hildebrandt, Timothy & Jennifer L. Turner. "Green Activism? Reassessing the Role of Environmental NGOs in China. " in Jonathan Schwartz and Shawn Shieh (eds.) State and Society Responses to Social Needs in China: Serving the People, New York: Routledge, 2009, pp. 89 – 110.

72. Howell, Jude. "Shall we dance? Welfarist Incorporation and the Politics of State-Labor NGO Relations. " The China Quarterly 223, 2015, pp. 702 – 723.

73. Hsu, Carolyn L. and Yuzhou Jiang. " An Institutional Approach to

ChineseNGOs: State Alliance versus State Avoidance Resource Strategies. " The China Quarterly, Vol. 221, 2015, pp. 100 – 122.

74. Hsu, Jennifer Y. J. & Reza Hasmath. "The Local Corporatist State and NGO Relations in China. " Journal of Contemporary China, Vol. 23, No. 87, 2014, pp. 516 – 534.

75. Hvenmark, J. , "Business as Usual? On Managerialization and the Adoption of the Balanced Scorecard in a Democratically Governed Civil Society Organization. " Administrative Theory & Praxis. Vol. 35, No. 2, 2013, pp. 223 – 247.

76. Hvenmark, J. , "Ideology, Practice, and Process? A Review of the Concept of Managerialism in Civil Society Studies. " Voluntas. Vol. 27, 2016, pp. 2833 – 2859.

77. Hwang H. , and W. W. Powell, "The Rationalization of Charity: The Influences of Professionalism in the Nonprofit Sector. " Administrative Science Quarterly. Vol. 54, 2009, pp. 268 – 298.

78. Irvin, R. A. , "State Regulation of Nonprofit Organizations: Accountability Regardless of Outcome. " Nonprofit and Voluntary Sector Quarterly. Vol. 34, No. 2, 2005, pp. 161 – 178.

79. James, E. , "Commercialism among Nonprofits: Objectives, Opportunity and Constraints. " In Weisbrod (ed.), To Profit or Not to Profit: The Commercial Transformation of the Nonprofit Sector, Cambridge: Cambridge University Press, 1998, pp. 271 – 286.

80. Jenkins, J. Craig and Craig M. Eckert. "Channeling Black Insurgency: Elite Patronage and Professional Social Movement Organizations in the Development of the Black Movement. " American Sociological Review, Vol. 51, No. 6, 1986, pp. 812 – 829.

81. John, Rob. "Venture Philanthropy: The Evolution of High Engage-

ment Philanthropy in Europe. " Working Paper, Skoll Center for Social Entrepreneurship, Said Business School, Oxford University, 2006.

82. Kara, A., J. Spillan, and O. DeShields, "An Empirical Investigation of the Link between Market Orientation and Business Performance in Nonprofit Service Provider. " Journal of Marketing Theory and Practice. Vol. 12, No. 2, 2004, pp. 59 – 72.

83. Karl, Barry D. & Stanley N. Katz. "Foundations and Ruling Class Elites. " Daedalus, Vol. 116, No. 1, 1987, pp. 1 – 40.

84. Keevers, L., L. Treleaven, C. Sykes, and M. Darcy, "Made to Measure: Taming Practices with Results-based Accountability. " Organization Studies. Vol. 33, No. 1, 2012, pp. 97 – 120.

85. Kelley, M. S., H. Lune, and S. Murphy, "Doing Syringe Exchange: Organizational Transformation and Volunteer Commitment. " Nonprofit and Voluntary Sector Quarterly. Vol. 34, No. 3, 2005, pp. 362 – 386.

86. Kerlin, J. A., and T. H. Pollak, "Nonprofit Commercial Revenue: A Replacementfor Declining Government Grants and Private Contributions?" American Review of Public Administration. Vol. 41, No. 6, 2011, pp. 686 – 704.

87. King, D., "Becoming Business-Like: Governing the Nonprofit Professional. " Nonprofit and Voluntary Sector Quarterly. Vol. 46, No. 2, 2017, pp. 241 – 260.

88. Kingma, B. R., "Do Profits 'Crowd Out' Donations, or Vice Versa? The Impact of Revenues from Sales on Donations to Local Chapters of the American Red Cross. " Nonprofit Management and Leadership. Vol. 6, No. 1, 1995, pp. 21 – 38.

89. Klausen, Kurt. K. On the Malfunction of the Generic Approach in Small Voluntary Associations. Nonprofit Management and Leadership, Vol. 5,

No. 3, 1995, pp. 275 -290.

90. Klikauer, T. , "What is Managerialism?" Critical Sociology. Vol. 41, No. 7/8, 2015, pp. 1103 -1119.

91. Kohl-Arenas, Erica. "The Self-Help Myth: How Philanthropy Fails to Alleviate Poverty. " Oakland, CA: University of California Press, 2015.

92. Kozinets, Robert V. "Netnography: Doing Ethnographic Research Online. " London: Sage Publications, 2010.

93. Kramer, R. , "The Future of the Voluntary Sector in a Mixed Economy. " Journal of Applied Behavioral Science. Vol. 21 No. 4, 1985, pp. 377 - 391.

94. Kramer, M. , "Will Venture Philanthropy Leave a Lasting mark on Charitable Giving?" The Chronicle of Philanthropy, Vol. 14, No. 14, 2002, pp. 38 -41.

95. Kreutzer, K. , and U. Jager, "Volunteering Versus Managerialism: Conflict Over Organizational Identity in Voluntary Associations. " Nonprofit and Voluntary Sector Quarterly. Vol. 40, No. 4, 2011, pp. 634 -661.

96. Lai, Weijun, Jiangang Zhu, Lin Tao and Anthony Spires. "Bounded by the State: Government Priorities and the Development of Private Philanthropic Foundations in China. " The China Quarterly, Vol. 224, 2015, pp. 1083 -1092.

97. Letts, Christine, and William Ryan. "Filling the performance gap: high-engagement philanthropy. " Stanford Social Innovation Review, Vol. 1, No. 1, 2003, pp. 26 -33.

98. Letts, Christine, William Ryan and Allen Grossmann. "Virtuous Capital: WhatFoundations Can Learn from Venture Capital. " Harvard Business Review, Vol. 75, No. 2, 1997, pp. 36 -44.

99. Leroux, K. M. , "What Drives Nonprofit Entrepreneurship? A Look

at Budget Trends of Metro Detroit Social Service Agencies." American Review of Public Administration. , Vol. 35, No. 4, 2005, pp. 350 – 362.

100. Leroux, K. M. , and N. S. Wright, "Does Performance Measurement Improve Strategic Decision Making? Findings From a National Survey of Nonprofit Social Service Agencies." Nonprofit and Voluntary Sector Quarterly. Vol. 39, No. 4, 2010, pp. 571 – 587.

101. Lindgren, L. , "The Non-profit Sector Meets the Performance-management Movement: A Program-theory Approach." Evaluation. Vol. 7, No. 3, 2001, pp. 285 – 303.

102. Lipsky, Michael & Steven R. Smith. "Nonprofit Organizations, Government, and the Welfare State." Political Science Quarterly, Vol. 104, 1989, pp. 625 – 648.

103. Liu, Qing, Yu Wang and Heping Dang. "The Hidden Gaps in Rural Development: Examining Peasant-NGO Relations Through a Post-Earthquake Recovery Project in Sichuan, China." The China Quarterly Vol. 233, 2018, pp. 43 – 63.

104. Lounsbury, Michael, Marc Ventresca and Paul M. Hirsch. "Social Movement, Filed Frames and Industrial Emergency: A Cultural-Political Perspective on US Recycling." Socio-Economic Review, Vol. 1, No. 31, 2003, pp. 71 – 104.

105. Lu, Yiyi. "The Autonomy of Chinese NGOs: A New Perspective." China: An International Journal, Vol. 5, No. 2, 2007, pp. 173 – 203.

106. Ma, Qiusha. "The Governance of NGOs in China Since 1978: How Much Autonomy?" Nonprofit and Voluntary Sector Quarterly, Vol. 31, No. 3, 2002, pp. 305 – 328.

107. Macedo, L. M. , and J. C. Pinho, "The Relationship Between Resource Dependence and Market Orientation: The Specific Case of Non-prof-

itOrganizations." European Journal of Marketing. Vol. 40, No. 5/6, 2006, pp. 533 – 553.

108. MacIndoe, H., and E. Barman, "How Organizational Stakeholders Shape Performance Measurement in Nonprofits: Exploring a Multidimensional Measure." Nonprofit and Voluntary Sector Quarterly. Vol. 42, No. 4, 2012, pp. 716 – 738.

109. Maguire, Steve, Cynthia Hardy and Thomas B. Lawrence. "Institutional Entrepreneurship in Emerging Fields: HIV/AIDS Treatment Advocacy in Canada." The Academy of Management Journal, Vol. 47, No. 5, 2004, pp. 657 – 679.

110. Maier, F., M. Meyer, and M. Steinbereithner, "Nonprofit Organizations Becoming Business-Like: A Systematic Review." Nonprofit and Voluntary Sector Quarterly. Vol. 45, No. 1, 2016, pp. 64 – 86.

111. Marshall, J. H., and D. Suarez, "The Flow of Management Practices: An Analysis of NGO Monitoring and Evaluation Dynamics." Nonprofit and Voluntary Sector Quarterly. Vol. 43, No. 6, 2014, pp. 1033 – 1051.

112. Mckay, S., D. Moro, S. Teasdale, and D. Clifford, "The Marketization of Charities in England and Wales." Voluntas. Vol. 26, 2015, pp. 336 – 354.

113. Merton, Robert. Social theory and social structure. Glencoe, Ill.: The Free Press, 1957.

114. Merton, Robert. "The Matthew Effect in science." Science, 1968, New Series 159, pp. 56 – 63.

115. Moeller, L., and V. Valentinov, "The Commercialization of the Nonprofit Sector: A General Systems Theory Perspective." Systemic Practice & Action Research. Vol. 25, 2012, pp. 365 – 370.

116. Morino Institute, "Venture Philanthropy: Landscape and Expecta-

tions." Annual Report Series, 2000.

117. Morino Institute, "Venture Philanthropy 2001: The Changing Landscape." Annual Report Series, 2001.

118. Moody, Michael.. "Building a Culture: The Construction and Evolution ofVenture Philanthropy as a New Organizational Field." Nonprofit and Voluntary Sector Quarterly, Vol. 37, No. 2, 2008, pp. 324 – 352.

119. Morino Institute. "Venture Philanthropy 2001: The Changing Landscape." Annual Report Series, 2001.

120. Moskowitz, Dan. "Impact Investing vs. Venture Philanthropy." INVESTOPEDIA, online article, June 9th 2015, http://www.investopedia.com/articles/personal-finance/060915/impact-investing-vs-venture-philanthropy.asp.

121. Nevitt, Christopher E. "Private Business Associations in China: Evidence of Civil Society or Local State Power?" The China Journal, Vol. 36, 1996, pp. 25 – 43.

122. Odendahl, Terasa., Charity Begins at Home: Generosity and Self Interest Among the Philanthropic Elite. New York: Basic Books, 1990.

123. Ostrower, Francie, Why the Wealthy Give: The Culture of Elite Philanthropy. Princeton, NJ: Princeton University Press, 1995.

124. Pfeffer, Jeffrey and Gerald Salancik, The External Control of Organization: An Resource Dependence Perspective. Stanford, California: Stanford University Press, 1978.

125. Pearson, Margaret M. "The Janus Face of Business Associations in China: Socialist Corporatism in Foreign Enterprises." The Australian Journal of Chinese Affairs, Vol. 31, 1994, pp. 25 – 46.

126. Powell, Walter W. and Paul J. DiMaggio (eds.), The New Institutionalism in Organizational Analysis. Chicago: University of Chicago Press,

1991.

127. Putman, Robert D, "Making Democracy Working: Civic Traditions in Modern Italy." Princeton, New Jersey: Princeton University Press, 1993.

128. Quinn, Rand, Megan Tompkins-Stange and Debra Meyerson. "Beyond Grantmaking: Philanthropic Foundations as Agents of Change and Institutional Entrepreneurs." Nonprofit and Voluntary Sector Quarterly, Vol. 43, No. 6, 2014, pp. 950 – 968.

129. Reisman, L., "Managing Amidst Mosaic: Integrating Values andRationalization in the Nonprofit Arts." Nonprofit Management and Leadership. Vol. 8, 2018, pp. 453 – 470.

130. Robert, S. M., J. P. Jones III, and O. Frohling, "NGOs and the Globalization of Managerialism: A Research Framework." World Development. Vol. 33, No. 11, 2005, pp. 1845 – 1864.

131. Salamon, Lester M., "The Marketization of Welfare: Changing Nonprofit and For-Profit Roles in the American Welfare State." Social Service Review. Vol. 67, No. 1, 1993, pp. 16 – 39.

132. Salamon, Lester M. "Partners in Public Service: Government-Nonprofit Relations in the Modern Welfare State." Baltimore, MD: Johns Hopkins University Press, 1995.

133. Salamon, Lester M. "The Nonprofit Sector at a Crossroads: The Case of America." Voluntas: International Journal of Voluntary and Nonprofit Organizations, Vol. 10, No. 1, 1999, pp. 5 – 23.

134. Salamon, L. M., H. K. Anheier, R. List, S. Toepler, W. Sokolowski, and Associates, "Global Civil Society: Dimensions of the Nonprofit Sector." Baltimore: Johns Hopkins Center for Civil Society Studies, 1999.

135. Saich, Tony. "The Search for Civil Society and Democracy in China." Current History, Vol. 93, No. 584, 1994, pp. 260 – 264.

136. Saich, Tony. "Negotiating the State: The Development of Social Organizations in China." The China Quarterly, Vol. 161, 2000, pp. 124 – 141.

137. Salmenkari, Taru. "Theoretical Poverty in the Research on Chinese Civil Society." Modern Asia Studies, Vol. 47, No. 2, 2013, pp. 682 – 711.

138. Segal, L. M., and B. A. Weisbrod, "Interdependence of Commercial and Donative Revenues." In Weisbrod (ed.), To Profit or Not to Profit: The Commercial Transformation of the Nonprofit Sector, Cambridge: Cambridge University Press, 1998, pp. 105 – 128.

139. Scott, W. Richard. "Institutions and Organizations: A Theoretical Synthesis." In Scott, W. Richard and John Meyer (eds.) Institutional Environments and Organizations. Newbury Park, CA: Sage, 1994, pp. 55 – 80.

140. Scott, W. Richard. "Institutions and Organizations: Ideas, Interests and Identities." London: Sage Publications, 1995.

141. Shakely, Jack. "Meta Foundation: Venture Philanthropy Starts the Next Leg of its Journey with a Surprising New Pilot." In Frank L. Ellsworth & Jeo Lumarda (eds.), From Grantmaker to Leader: Emerging Strategies for Twenty-first Century Foundations. New York: John Wiley, 2003, pp. 119 – 138.

142. Shoham, A. et al., "Market Orientations in the Nonprofit and Voluntary Sector: A Meta-Analysis of Their Relationships with Organizational Performance." Nonprofit and Voluntary Sector Quarterly. Vol. 35, No. 3, 2006, pp. 453 – 476.

143. Skocpol, Teda, "Diminished Democracy: From Membership to Management in American Civic Life." Norman: University of Oklahoma Press, 2003.

144. Sievers, Bruce. "If Pigs Had Wings: The Appeals and Limits of Venture Philanthropy." Foundation News & Commentary, November/Decem-

ber 1997.

145. Silver, Ira. "Buying an Activist Identity: Reproducing Class through Social Movement Philanthropy. " Sociological Perspectives, Vol. 41, No. 2, 1998, pp. 303 – 321.

146. Silver, Ira. "Unequal Partnerships: Beyond the Rhetoric of Philanthropic Collaboration. " New York: Routledge, 2006.

147. Silver, Ira. "Disentangling Class from Philanthropy: The Double-edged Sword of Alternative Giving. " Critical Sociology, Vol. 33. 2007, pp. 537 – 549.

148. Skocpol, Theda. "The Tocqueville Problem: Civic Engagement in American Democracy. " Social Science History, Vol. 21, No. 4, 1997, pp. 455 – 479.

149. Smith, Steven R. & Michael Lipsk. ed. , "Nonprofits for Hire: The Welfare State in the Age of Contracting. Cambridge. " MA: Harvard University Press, 1993

150. Song, Cheng C. , & Yin, Jue L. , "The Advancing of Management": Cross-sector Agents and Rationalization of Nonprofits in Eastern China. Nonprofit Management and Leadership, Vol. 29, 2019, pp. 529 – 548.

151. Spires, Anthony J. "China's Unofficial Civil Society: The Development of Grassroots NGOs in an Authoritarian State. " PhD dissertation, Yale University. 2007.

152. Spires, Anthony J. "Contingent Symbiosis and Civil Society in an Authoritarian State: Understanding the Survival of China's Grassroots NGOs. " American Journal of Sociology, Vol. 117, No. 1, 2011a, pp. 1 – 45.

153. Spires, Anthony J. " Organizational Homophily in International Grantmaking: US-Based Foundations and their Grantees in China. " Journal of Civil Society, Vol. 7, No. 3, 2011b, pp. 305 – 331.

154. Spires, Anthony J. "Lessons from Abroad: Foreign Influences on China's Emerging Civil Society." The China Journal, Vol. 68, 2012, pp. 125 – 146.

155. Spires, Anthony J. , Lin Tao and Kin-man Chan. "Societal Support for China's Grassroots NGOs: Evidence from Yunnan, Guangdong, and Beijing." The China Journal, Vol. 71, 2014, pp. 65 – 90.

156. Stone, Melissa Middleton. "Competing Contexts: The Evolution of a Nonprofit Organization's Governance System in Multiple Environments." Administration and Society, 1996, Vol. 28, pp. 61 – 89.

157. Striebing, C. , "Professionalization and Voluntary Transparency Practices in Nonprofit Organizations." Nonprofit Management and Leadership. Vol. 28, No. 1, 2017, pp. 65 – 83.

158. Strang, David and Sara A. Soule. "Diffusion in Organizations and Social Movement." Annual Review of Sociology, Vol. 24, 1998, pp. 265 – 290.

159. Suárez, D. F. , "Collaboration and Professionalization: The Contours of Public Sector Funding for Nonprofit Organizations." Journal of Public Administration Research and Theory. Vol. 21, No. 2, 2011, pp. 307 – 326.

160. Suaáez, D. F. , "Resource Constraint or Cultural Conformity? Nonprofit Relation with Business." Voluntas: International Journal of Voluntary and Nonprofit Organizations, Vol. 24, 2013, pp. 581 – 605.

161. Teets, Jessica C. "Let Many Civil Societies Bloom: The Rise of Consultative Authoritarianism in China." The China Quarterly, Vol. 213, 2013, pp. 19 – 38.

162. Thomson, D. E. , "Exploring the Role of Funders' Performance Reporting Mandates in Nonprofit Performance Measurement." Nonprofit and Voluntary Sector Quarterly. Vol. 39, No. 4, 2010, pp. 611 – 629.

163. Thornton, Patricia H. and William Ocasio. "Institutional Logics and

the Historical Contingency of Power in Organizations: Executive Succession in the Higher Education Publishing Industry, 1958 – 1990. " American Journal of Sociology, Vol. 105, No. 3, 1999, pp. 801 – 843.

164. Thornton, Patricia H. and William Ocasio. "Institutional Logics. " In Greenwood, Royston, Christine Oliver, Roy Suddaby and Kerstin Sahlin (eds.) The SAGE Handbook of Organizational Institutionalism. London: Sage Publications, 2008, pp. 99 – 129.

165. Thornton, Patricia H. , William Ocasio, and Michael Lounsbury. "The Institutional Logics Perspective: A New Approach to Culture, Structure, and Process. " Oxford: Oxford University Press, 2012.

166. Tuckman, H. P. , "Competition, Commercialization, and the Evolution of Nonprofit Organizational Structures. " Journal of Policy Analysis and Management. Vol. 17, No. 2, 1998, pp. 175 – 194.

167. Unger, Jonathan. "Bridges: Private Business, the Chinese Government and The Rise of New Associations. " The China Quarterly, Vol. 147, 1996, pp. 795 – 819.

168. Unger, Jonathan, and Anita Chan. "China, Corporatism, and the East Asian Model. " The Australian Journal of Chinese Affairs, Vol. 33, 1995, pp. 29 – 53.

169. Vacekova, G. , V. Valentinov, and J. Memec, "Rethinking Nonprofit Commercialization: The Case of the Czech Republic. " Voluntas: International Journal of Voluntary and Nonprofit Organizations, Vol. 28, 2017, pp. 2103 – 2123.

170. Verbruggen, S. , J. Christiaens, and K. Milis, "Can Resource Dependence and Coercive Isomorphism Explain Nonprofit Organizations' Compliance With Reporting Standards?" Nonprofit and Voluntary Sector Quarterly. 2011, Vol. 40, No. 1, pp. 5 – 32.

171. Venture Philanthropy Partners. "Venture Philanthropy 2002: Advancing Nonprofit Performance Through High-Engagement Grant-making." Annual Report Series, 2002.

172. Wang, X. L., "Marketization in A Statist-Corporatist Nonprofit Sector: The Case of Hong Kong." International Review of Administration Sciences. https://doi.org/10.1177/0020852320925867, 2020, 1 - 22.

173. Wank, David L. "Private Business, Bureaucracy, and Political Alliance in a Chinese City." The Australian Journal of Chinese Affairs, Vol. 33, 1995, pp. 55 - 71.

174. Weisbrod, Burton A., ed., "To Profit or Not to Profit: The Commercial Transformation of the Nonprofit Sector." Cambridge: Cambridge University Press, 1998.

175. Weisbrod, Burton A., "The Pitfall of Profits." Stanford Social Innovation Review. Vol. 2, No. 3, 2004, pp. 40 - 47.

176. White, Gordon. "Prospects for Civil Society in China: A Case Study of Xiaoshan City." The Australian Journal of Chinese Affairs, Vol. 29, 1993, pp. 63 - 87.

177. White, Gordon, Jude Howell and Shang Xiaoyuan. In Search of Civil Society: Market Reform and Social Change in Contemporary China. Oxford: Clarendon Press, 1996.

178. Whiting, Susan H. "The politics of NGO development in China." Voluntas: International Journal of Voluntary and Nonprofit Organizations, Vol. 2, No. 2, 1991, pp. 16 - 48.

179. Willner, L., "The Conflict is in The Values": Understanding The Emergence and Operationalization of Managerialism in Social Justice Nonprofit Organizations. University of California Los Angeles, PhD dissertation, 2017.

180. Willner, L., "Organizational Legitimacy and Managerialism within

Social Justice Nonprofit Organizations: An Interest Divergence Analysis." Administrative Theory & Praxis. Vol. 41, No. 3, 2019, pp. 225 – 244.

181. Wu, Fengshi.. "An Emerging Group Name 'Gongyi': Ideational Collectivity in China's Civil Society." The China Review, Vol. 17, No. 2, 2017, pp. 123 – 150.

182. Yang, Guobin., "Environmental NGOs and Institutional Dynamics in China." The China Quarterly, Vol. 181, No. 1, 2005, pp. 46 – 66.

183. Young, D., "Commercialism in Nonprofit Social Service Associations: Its Character, Significance, and Rationale." Journal of Policy Analysis and Management, Vol. 17, No. 2, 1998, pp. 278 – 297.

184. Yu, Jianxing, and Kejian Chen, "Does Nonprofit Marketization Facilitate or Inhibit the Development of Civil Society? A Comparative Study of China and the USA." Voluntas: International Journal of Voluntary and Nonprofit Organizations, Vol. 29, 2018, pp. 925 – 937.

185. Zhang, Naihua., In Search for 'Authentic' NGOs: The NGO Discourse and Women's Organizations in China." in Hsiung, Ping-Chun, Maria Jaschok, and Cecilia Milwertz (eds.) Chinese Women Organizing: Cadres, Feminists, Muslims, Queers, Oxford and New York: Berg Publishers, 2001, pp. 159 – 179.

186. Zhang, Xin and Richard Baum., "Civil Society and the Anatomy of a Rural NGO." The China Journal, Vol. 52, 2004, pp. 97 – 107.

187. Zimmermann, J. M., and B. W. Stevens, . "The Use of Performance Measurement in South Carolina Nonprofits." Nonprofit Management and Leadership. Vol. 16, No. 3, 2006, pp. 315 – 327.

188. Zhou, Mujun, "Fissures Between Human Rights Advocates and NGO Practitioners in China's Civil Society: A Case Study of the Equal Education Campaign, 2009 – 2013." The China Quarterly 234, 2018, pp. 486 – 505.

图书在版编目（CIP）数据

中国社会组织发展研究的市场维度：基于本土基金会公益创投资助的经验考察/赖伟军著. —北京：中央编译出版社，2022.10
ISBN 978-7-5117-4254-4

Ⅰ.①中… Ⅱ.①赖… Ⅲ.①基金会－赞助－非营利组织－组织管理－研究－中国 Ⅳ.①C232

中国版本图书馆 CIP 数据核字（2022）第 163966 号

中国社会组织发展研究的市场维度：基于本土基金会公益创投资助的经验考察

责任编辑	李媛媛
责任印制	刘　慧
出版发行	中央编译出版社
地　　址	北京市海淀区北四环西路 69 号（100080）
电　　话	（010）55627391（总编室）　　（010）55627310（编辑室） （010）55627320（发行部）　　（010）55627377（新技术部）
经　　销	全国新华书店
印　　刷	北京印刷集团有限责任公司印刷一厂
开　　本	710 毫米×1000 毫米　1/16
字　　数	180 千字
印　　张	12.25
版　　次	2022 年 10 月第 1 版
印　　次	2022 年 10 月第 1 次印刷
定　　价	85.00 元

新浪微博：@中央编译出版社　　　微　信：中央编译出版社（ID：cctphome）
淘宝店铺：中央编译出版社直销店（http://shop108367160.taobao.com）　（010）55627331

本社常年法律顾问：北京市吴栾赵阎律师事务所律师　　闫军　梁勤
凡有印装质量问题，本社负责调换，电话：（010）55626985